365 TIERGESCHICHTEN
für jeden Tag

Copyright © Parragon Books Ltd

Illustrationen: Alicia Padrón, Steve Whitlow, Amanda Gulliver, Daniel Howarth, Veronica Vasylenko, Dubravka Kolonovic, Lesley Harker, Sanja Rescek, Gavin Scott, Priscilla Lamont, Anna Jones, Kristina Khrin, Jacqueline East, Simon Mendez, Jenny Jones, Caroline Pitcher, John Bendall-Brunello, Andrew Breakspeare, Shelagh McNicholas, Steve Smallman, Adrienne Salgado, Steve Lavis, Mark Marshall, June Goulding, Michelle White.

Texte: Kath Smith, Gaby Goldsack, Kath Jewitt, Moira Butterfield, Pat Jacbos, Deborah Chancellor, Peter Bently, Karen Hayles, Steve Smallman, Emily Gale, Jillian Harker, Sandy Ransford.

Der Verlag hat sich bis Redaktionsschluss intensiv bemüht, alle Rechteinhaber korrekt zu recherchieren. Sollten dennoch Ungenauigkeiten oder Unterlassungen festgestellt werden, so bitten wir, dies dem Verlag mitzuteilen.

Copyright © der deutschen Ausgabe
Parragon Books Ltd
Chartist House
15–17 Trim Street
Bath BA1 1HA, UK

Realisation der deutschen Ausgabe: trans texas publishing, Köln
Übersetzung: Brigitte Rüßmann, Köln, u. a.
Lektorat: Ulrike Reinen, Köln
Satz: Lesezeichen Verlagsdienste, Köln

Alle Rechte vorbehalten. Die vollständige oder auszugsweise Speicherung, Vervielfältigung oder Übertragung dieses Werkes, ob elektronisch, mechanisch, durch Fotokopie oder Aufzeichnung, ist ohne vorherige Genehmigung des Rechteinhabers urheberrechtlich untersagt.

ISBN 978-1-4748-3353-0
Printed in China

365 TIERGESCHICHTEN
für jeden Tag

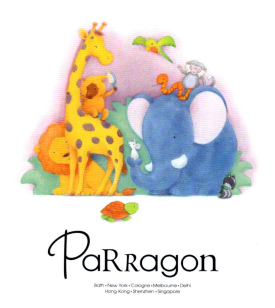

PaRragon

Bath · New York · Cologne · Melbourne · Delhi
Hong Kong · Shenzhen · Singapore

Inhalt

Fee lernt springen 10
Der singende Dinosaurier 11
Der Fuchs und die Krähe 12
Kommt ein Mäuschen 14
Der Kuckuck auf dem Zaune saß 14
Es warn einmal neun Schneider 14
Wenn ich ein Vöglein wär 15
Kommt ein Vogel geflogen 15
Alle meine Entchen 15
Warum Eulen starren 16
Teddybär, Teddybär 18
Eins, zwei, drei, vier 19
Goldlöckchen und die drei Bären 20
Wer lebt da im Loch? 24
Der Bienenstock 24
Kleiner flinker Karlsson 24
Fliegende Schweinchen 25
Die Fliege 25
Es war mal ein Fisch 25
Ich wünscht 26
Der Winter 27
Maria hatt' ein kleines Lamm 28
Die kleine Krabbelspinne 29
Leon kann singen! 30
Übung macht den Meister 31
Wie das Känguru seinen Schwanz
    bekam 32
Filous großer Wunsch 34
Mein Kätzchen 36

Der grüne Frosch 36
Die unzufriedene Eule 36
Mausgedicht 37
Pferd und Wagen 37
Der seltsame Elefant 37
Der Fuchs und die Trauben 38
Der Hund und sein Spiegelbild 39
Drei graue Gänse 40
Ein verrückter Tag 41
Der Einsiedlerkrebs 42
Fünf kleine Bären 43
Drei süße kleine Katzen 44
Die Schildkröte und der Bär 46
Old MacDonald hat 'ne Farm 48
Fünf kleine Affen 49
Bärchen 50
Auf die Katze des Petrarch 52
Es saß eine Krähe 52
Mit den Lämmchen zu Bett 52
Die Eule ruft 53
Mein Held 53
Eins, zwei, drei 53
Die eitle Krähe 54
Fünf kleine Entlein 56
Daisys großes Abenteuer 58
Kleines Huhn 60
Hopp, hopp, hopp 61
Der Esel und die Salzsäcke 62
Der Bauer spannt den Wagen an 64

Inhalt

Lerche und Goldfisch 65	Fischlein, Fischlein 97
Die Drossel 66	Hallo, Frau Libelle! 97
Unser Karlchen 66	Gustav und sein Schirm 98
Ammenuhr (Auszug) 66	Ein Zuhause für Bär 99
Fische schwimmen 67	Fin hat Langeweile 100
Katzen und Hunde 67	Der Tier-Ball 102
Der seltene Vogel 67	Bunte Tierwelt 103
Der Samthase 68	Flohliebe 104
Die Vöglein im Winter 72	Vier Kätzchen 104
Mein Meerschweinchen 73	Hallo, Frau Kuh 104
Der Löwe und die Maus 74	Das kalte alte Haus 105
Der Fuchs und der Storch 76	Der Elefant 105
Kleine Spinnen 78	Auf dem Bauernhof 105
Im alten Stall 78	Wie Schmetterlinge entstanden 106
Das Kuckucksei 78	Waltrauts großes Ei 108
Hätt ich 'nen Esel 78	Der kleine Bär 110
Das Murmeltier 79	Vom Pinguin, der glitzern wollte 112
Zwei Tauben 79	Kasperl Überall 114
Kleines weißes Entchen 79	Anna hatte ein Vögelchen 114
Matschpfötchen 80	Das kleine Kätzchen 114
Nur noch einmal schwimmen! 84	Unser Vöglein 115
Meister Langohr 86	Wie viele Haare 115
Wie viele Flaschen? 87	Der Rattenfänger 115
Kleines Kätzchen 88	Häschen in der Grube 116
Jimmy Schnecke 89	Auf einer Wiese 117
Das ist nicht mein Bruder 90	Die Kuh 118
Große Schelmerei 94	Ein Schildkrötenmann 119
Vögelchen, ich lad euch ein 96	Das Eichhörnchen 120
Sieh doch mal 96	Mein Badeschaumtier 121
Ein kleiner Hund 96	Unterwegs mit Kröterich 122
Schlafenszeit 96	Der stolze Hahn 126
Der Löwe und das Einhorn 97	Eselchen, Eselchen 126

Inhalt

Im Meer 126	Der Fink 163
Im Mai 127	Ein kleiner Schwan 163
Herr Marienkäfer 127	Sing für mich 163
Seht her, ihr Fischchen 127	Schildkröte und Hase 164
Der Schwanz des Fuchses 128	Schlaf, kleines Kindlein 166
Lämmchen auf Irrwegen 130	Fünf kleine Eulen 167
Was ist das für ein Geräusch? .. 132	Rotkäppchen 168
Botenbiene 134	Der eitle Schwan 170
Badetag am Südpol 135	Wie wird das Wetter? 172
Die Spinne, der Hase und der Mond .. 136	Der Frosch 172
A B C 138	Zum Markt, zum Markt 172
Elster 139	Mein Papagei 173
Der verzauberte Himmel 140	Ein Hund namens Ringo 173
Zu Pferde 142	Was fressen die Mäuse? 173
In Oma Olgas Puppenhaus 142	Der Schwanz des Opossums ... 174
Kleines Kälbchen 142	Keine Maus zu Haus 176
Übers Land 143	Groschenlied 177
Das Wiesel 143	Zeit zum Träumen 178
Unsere Nachbarin 143	Alice und das Kaninchen 180
Die drei kühnen Ziegenböcke .. 144	Dingeldi-dängeldi-du 184
Der Frosch auf Reisen 148	Higgeldi, piggeldi, pops! 184
Der ängstliche Löwe 150	Wo ist mein kleiner Hund? ... 184
Mein Taubenhaus 152	Die Ente und der Erpel 185
Kikeriki! 153	Drei weiße Rösser 185
Kuckuck, Kuckuck 154	Tierhochzeit 185
Der Pfau 155	Rama hat Zahnweh 186
Kleiner Drache 156	Neun braune Wölfe 187
Hanna Henne 158	Hab keine Angst! 188
Eine silberne Spur 162	Doktor Fips Schwein 190
Der Wurm 162	Maja verläuft sich 192
Rundherum im Garten 162	Tina und Teddy 194
Mäh, Lämmchen, mäh 162	Naja bleibt kühl 196

Inhalt

Was der Name verrät 197	Jims Lieblingsfarbe 226
Ach, liebes Entchen 198	Die Schildkröte 228
Der eitle Eber.................... 198	Herr Maulwurf.................... 229
Das Lied vom Monde............. 198	Das Bärenbaby 230
Fledermaus....................... 199	Kleiner Hirtenjunge............... 232
Hungriger Tiger................... 199	Suse 232
Lied der Delfine 199	Braves Huhn 232
Mars, das Pony 200	Hei diedel diedel 233
Anna-Maria...................... 204	Frau Kröte 233
Oma Alba 204	Lieber Storch 233
Fröschlein....................... 204	Die Vögel, die Waldtiere und die
Als erstes 205	Fledermaus.................... 234
Der fehlende Nagel 205	Matschpfötchen und die
Das Lämmchen 205	Geburtstagsparty............... 236
Die Maus und das Wiesel 206	Die Geburtstagsüberraschung...... 240
Das neugierige Kätzchen.......... 208	Saftige Äpfel 242
Der schüchterne Krake 209	Dunja Drossel 243
Mina, die Milanin 210	Wie der Bär seinen Schwanz verlor ... 244
Ein neuer See für Otter........... 211	Ringelschwänzchen Hänschen 246
Rikki-Tikki-Tavi 212	Wären Träume Pferde 246
Ins Nest 216	Fussel Wussel 246
Herr Schmied.................... 216	Mäuschen........................ 247
Eichhorn Fritze................... 216	Im April 247
Ein Jäger aus Kurpfalz 217	Pferdchen, Pferdchen 247
Kleines schwarzes Hündchen...... 217	Black Beauty 248
Meisenglück..................... 217	Die alte Frau und die fette Henne ... 252
Der Spaziergang 218	Die Mäuseversammlung 253
Bleibt auf dem Pfad.............. 220	Versteckspiel..................... 254
Die stille Schlange 222	Sechs Mäuslein................... 255
Der Kuckuck und der Esel 223	Drei kleine Schweinchen 256
Peppina bleibt auf................ 224	Versteckspiel im Dschungel........ 258
Meine Ziege 225	Der Wolf und der Kranich......... 260

Inhalt

Die Mäuse und die Tannenzapfen 262	Der undankbare Tiger............. 292
Schön ist die Welt.................. 264	Die Hähne krähen................. 294
Eber Grunz........................ 265	Brumm und Summ 294
Das Versteck...................... 266	Kannst du leise schleichen?........ 294
Katzenchor....................... 268	Verliebter Frosch.................. 295
Tom-Tom, des Pfeifers Sohn 268	Der Spatz........................ 295
Zwei Spatzen..................... 268	Die kleine Katze 295
Schlummerlied.................... 269	Grazie Nilpferd 296
Zwei kleine Hunde................. 269	Vier kleine Vöglein................. 298
Herbstritt........................ 269	Armes Hündchen Wau 299
Am Fluss 270	Die Hummel 300
Ei der Daus!...................... 274	Der Kuckuck 301
Meine Katze...................... 274	Moglis Lektion.................... 302
Schöner Frühling 274	Acht Arme hat der Oktopus 306
Das Vöglein schlägt die Flügel 275	Ein Fischlein möcht ich sein........ 306
Eine rosa Kuh..................... 275	Austern.......................... 306
Kleiner Goldfisch.................. 275	Zehn weiße Möwen 307
Wie der Kardinalvogel zu seiner	Der Wal 307
Farbe kam 276	Der Pinguin 307
Die Insektenparade 278	Der kleine Pinguin und seine
Ein Ziegenbock 279	Freunde..................... 308
Der kleine Drache geht zur Schule ... 280	Flori Fuchs 310
Die Schwalbe und die Krähe 282	Der Lemurentanz................. 312
Die Ameise und die Taube 283	SCHHH!......................... 313
Am Meeresgrund................. 284	Der kleine Delfin 314
Die hungrige Kröte 286	Das Ei........................... 316
Im Zoo.......................... 286	Müffel, das Stinktier 317
Winnie hatte mal ein Schwein....... 286	Die Schwimmstunde 318
Schmetterling, Schmetterling 287	Ein Haus für Maus................. 319
Wo lebt ihr?..................... 287	Die Krähe und der Krug 320
Die Spatzenbande 287	Die Ziege schwimmt im Teiche 322
Das ist nicht mein Papa 288	Der Papagei...................... 322

Inhalt

Siehst du das Häschen? 322	Die Ziege Berta 356
Die kleine bunte Schlange 323	Max, der Koala 357
Kleines Kätzchen 323	Erik wird Mama 358
Schlafenszeit auf dem Bauernhof 323	Das ist nicht meine Schwester 360
Das ist nicht meine Mama 324	Lasst uns Piraten spielen 364
Der Fuchs und die Ziege 328	Die Taube 366
Im Blumentopf 330	In meinem Kohl 366
Kätzchen, Kätzchen 331	Die kleine grüne Raupe 366
Die Schildkröte und der Adler 332	Wen wundert's 367
Kleine Schäferin Katrin 334	Kaninchen und Hasen 367
Fünf Hühnerküken 335	Lauf, kleines Pferdchen 367
Ein seltsamer Vogel 336	Zehn Schweinchen 368
Zeit zum Melken 336	Hallo, Schweinchen 369
Zwei Kätzchen 336	Schnäbelchen 370
Kikeri-pitschü-pitschü! 337	Gregor juckt es 371
Der Kater 337	Edgar Eichhörnchen 372
Wer schläft im Wald? 337	Beim Hufschmied 376
Die sechs Schwäne 338	Drei Entchen 376
Einen Pudel hatt' ich einst 342	Im Fischteich 376
Zwei Welpen 343	Gänsekanon 377
Willkommen im Dschungel 344	Katze und Hund 377
Lied eines Jungen 346	Die alte Eule 377
Die Stadtmaus und die Landmaus . . . 348	Der kleine Drache geht fischen 378
Tom, der Elefant 350	Das Streifenhörnchen und der Bär . . . 380
Ein kleines Känguru 352	
Krokus, das Krokodil 353	
An der Küste 354	
Wer klingelt da? 354	
Ein Schäfchen 354	
Der Vogel singt 355	
Die Schnecke 355	
Schweinchen 355	

Fee lernt springen

Fee sah den anderen Ponys zu, wie sie über den Bach sprangen, und seufzte. Sie wünschte sich so sehr, auch springen zu können, aber sie hatte Angst.

„Lauft nur weiter", rief Fees Mama der Herde zu. „Ich warte auf Fee."

„Alles klar", rief Fees Bruder. „Wer als Letzter bei der umgefallenen Eiche ist, ist ein Esel!"

„Warum kann ich nicht springen?", weinte Fee.

„Du kannst springen", sagte ihre Mama sanft. „Du musst nur noch üben. Spring doch erst einmal über den kleinen Ast da drüben."

Fee schaute sich den Ast an, holte tief Luft und rannte darauf zu. Hoppla! Sie stolperte und fiel auf die Nase.

„Nicht so schnell", lächelte Mama und trabte herbei. „Sieh her … Bleib locker und hüpf einfach hinüber."

Beim nächsten Mal machte Fee alles ihrer Mama nach und segelte leichtfüßig über den Ast. Sie wieherte glücklich und sprang wieder und wieder über den Ast. Dann, als sie sich ganz mutig fühlte, setzte sie über den Bach.

„Wer als Letzter bei der umgefallenen Eiche ist, ist ein Esel!", wieherte sie.

Der singende Dinosaurier

Eines Abends spielte der kleine Stegosaurus mit Diplodocus und Dryosaurus im Wald Nachlaufen. Plötzlich blieb er stehen und sah sich um. „Oh, oh!", sagte er. „Ich glaube, wir haben uns verlaufen."

„Und es wird dunkel", weinte Dryosaurus.

„Hab keine Angst!", rief Diplodocus mit furchtsamer Stimme.

„Ich habe eine Idee", sagte Stegosaurus. „Lasst uns singen. Mein Papa sagt immer, dass man sich besser fühlt, wenn man singt!"

Also sangen die kleinen Dinosaurier ihr liebstes Dinosaurierlied. „So trampeln die Dinosaurier", brüllten sie.

Ihr Gesang schallte durch den Wald, und schon bald konnten Herr und Frau Stegosaurus sie hören, die auf der Suche nach den drei kleinen Dinosauriern waren. Und kurz danach führte der Gesang sie zu den dreien.

„Du hattest recht, Papa", lachte der kleine Stegosaurus und umarmte seine Eltern. „Wenn man singt, fühlt man sich besser – aber am besten fühle ich mich jetzt, weil ich wieder bei euch bin!"

Der Fuchs und die Krähe

Eines Tages flog die Krähe an einem offenen Fenster vorbei und erspähte ein Stück Käse auf dem Tisch. Keiner war im Zimmer, also flatterte sie hinein und stahl den leckeren Happen. Dann flog sie hinauf in die Krone des nächsten Baums und wollte ihn gerade fressen, als der Fuchs auftauchte.

Der Fuchs liebte Käse ganz besonders und war entschlossen, der Krähe ihre Beute abzuluchsen.

„Guten Morgen, Frau Krähe", grüßte er sie. „Ich muss sagen, Ihr seht heute besonders hübsch aus! Eure Federn sind so glänzend, und Eure Augen strahlen wie Juwelen!"

Der Fuchs hoffte, die Krähe würde antworten und dabei das Stück Käse fallen lassen. Aber sie dankte ihm nicht für seine Komplimente. Also versuchte er es noch einmal: „Ihr habt einen so eleganten Hals, und Eure Krallen sind wahrlich vorzüglich. Sie sehen aus wie die Krallen eines Adlers." Die Krähe aber ignorierte ihn weiter.

Der Fuchs und die Krähe

Der Fuchs konnte den köstlichen Käse riechen, und das Wasser lief ihm im Maul zusammen. Er musste einen Weg finden, die Krähe dazu zu bringen, ihn fallen zu lassen. Endlich hatte er eine Idee.

„Alles in allem seid Ihr der hübscheste Vogel", sagte er. „Wenn Eure Stimme nur ebenso schön wäre, würde ich Euch Königin der Vögel nennen. Warum singt Ihr nicht einmal ein Lied für mich?"

Der Krähe gefiel der Gedanke, von allen anderen Tieren im Wald Königin der Vögel genannt zu werden. Sie glaubte, der Fuchs sei von ihrer lauten Stimme sicherlich sehr beeindruckt. Also hob sie den Kopf und begann zu krähen.

Natürlich fiel der Käse, sobald sie ihren Schnabel öffnete, hinunter – **und immer weiter hinunter** – bis auf den Boden.

Der Fuchs schnappte ihn sich und fraß ihn sofort auf.

„Danke!", sagte er. „Das war alles, was ich wollte. Ich muss schon sagen, Frau Krähe, Ihr habt zwar eine laute Stimme, aber Ihr seid nicht besonders schlau."

Äsops Moral: Trau niemals einem Schmeichler.

Kommt ein Mäuschen

Kommt ein Mäuschen, kommt ein Mäuschen,
klettert rauf, klettert rauf,
klettert wieder runter, klettert wieder runter,
tick-tick-tack, tick-tick-tack.

Der Kuckuck auf dem Zaune saß

Der Kuckuck auf dem Zaune saß,
es regnet sehr, und er ward nass.
Da kam ein heller Sonnenschein,
der Kuckuck, der ward hübsch und fein.

Es warn einmal neun Schneider

Es warn einmal neun Schneider,
die hielten einen Rat.
Da saßen alle neune,
ja neunmal, neunmal neune
auf einem Kartenblatt.

Wenn ich ein Vöglein wär

Wenn ich ein Vöglein wär
und auch zwei Flüglein hätt,
flög ich zu dir.
Weil's aber nicht kann sein,
bleib ich allhier.

Kommt ein Vogel geflogen

Kommt ein Vogel geflogen,
setzt sich nieder auf mein' Fuß,
hat ein Briefchen im Schnabel –
von der Liebsten einen Gruß!

Alle meine Entchen

Alle meine Entchen
schwimmen auf dem See,
Köpfchen in das Wasser,
Schwänzchen in die Höh'.

Warum Eulen starren

Vor langer Zeit, da lebten eine Eule und eine Taube. Sie waren Freunde, aber auch Rivalen, und versuchten ständig, einander zu überbieten.

„Eulen können besser sehen als Tauben", sagte die Eule.

„Tauben können viel besser fliegen", erwiderte die Taube.

„Eulen können dafür besser hören", gab die Eule zurück.

„Tauben haben aber schönere Federn", wandte die Taube ein.

Eines Morgens saßen die beiden nebeneinander auf einem Ast, als die Eule sagte: „Ich glaube, es gibt viel mehr Eulen als Tauben."

„Das kann nicht sein", antwortete die Taube. „Bestimmt gibt es mehr Tauben als Eulen. Aber es gibt nur einen Weg, das herauszufinden. Wir schließen eine Wette ab, und dann zählen wir!"

„Also gut", stimmte die Eule zu. „Aber dazu brauchen wir einen Ort mit vielen Bäumen. Wir treffen uns in einer Woche im großen Wald. So haben wir genügend Zeit, allen Bescheid zu geben."

In dieser Woche flogen Eule und Taube in alle Himmelsrichtungen, um ihre Verwandten zur Zählung in den Wald zu rufen.

Warum Eulen starren

Als der große Tag gekommen war, trafen die Eulen als Erste dort ein. Es schien, als wären alle Bäume voller Eulen. Es waren so viele, dass die Eulen sicher waren, die Zahl der Tauben zu übertreffen.

Plötzlich verdunkelte sich der Himmel, und Wolken von Tauben flogen zum großen Wald. Sie kamen von Norden, Süden, Osten und Westen. Bald gab es kein bisschen Platz mehr in den Bäumen, und die Äste begannen unter dem Gewicht der vielen Tauben zu brechen.

Aber es kamen immer noch mehr. Sie kreisten über dem Wald und suchten nach einem Platz zum Landen. Inzwischen war sogar der Waldboden voller Tauben. Die Eulen rissen erstaunt die Augen auf und starrten die Tauben an, die immer noch in Scharen herbeigeflogen kamen. Das Flattern ihrer Flügel war ohrenbetäubend, und die Eulen wurden von denjenigen, die ein Plätzchen in den Bäumen ergatterten, zusammengequetscht und niedergetrampelt.

„Bloß weg hier!", riefen die Eulen einander zu und flogen davon. Aber die Ärmsten hatten die Tauben so lange erstaunt angestarrt, dass ihre Augen nun weit aufgerissen blieben – und von diesem Tag an haben Eulen einen starren Blick. Sie verstecken sich am Tag, wenn Tauben in der Nähe sind, und fliegen nur in der Nacht.

Teddybär, Teddybär

Teddybär, Teddybär –
dreh dich um!
Teddybär, Teddybär –
mach dich krumm!
Teddybär, Teddybär –
heb ein Bein!
Teddybär, Teddybär –
das ist fein!
Teddybär, Teddybär –
gib nun Acht:
Teddybär, Teddybär –
sag „Gute Nacht!"

Eins, zwei, drei, vier

Eins, zwei, drei, vier,
einen Fisch, den fang ich mir.
Fünf, sechs, sieben, acht,
hab ihn wieder losgemacht.
Neun und zehn –
ich lass ihn wieder gehn:
Denn tief in die Augen
hab ich ihm gesehn!

Goldlöckchen und die drei Bären

Es war einmal ein hübsches kleines Mädchen, das hieß Goldlöckchen, denn es hatte lockiges, goldenes Haar, das im Sonnenlicht glänzte. Obwohl sie wie ein Engel aussah, benahm sich Goldlöckchen nicht immer wie einer. Sie war sogar ziemlich oft ungezogen und tat nicht, was man ihr sagte.

Eines Tages wollte Goldlöckchen hinausgehen, um auf der Wiese zu spielen.

„Geh nicht in den Wald hinein", mahnte ihre Mutter, „sonst verläufst du dich."

Anfangs hörte Goldlöckchen noch auf die Worte ihrer Mutter, doch dann fing sie an, sich zu langweilen.

„Warum soll ich eigentlich nicht in den Wald gehen, wenn ich dazu Lust habe?", dachte sie sich. „Wenn ich auf dem Weg bleibe, kann ich mich nicht verlaufen."

Also hüpfte sie über die Wiese und in den Wald hinein. Dort hatte sie so viel Spaß dabei, Blätter zu zerstreuen und auf Bäume zu klettern, dass sie völlig vergaß, auf dem Weg zu bleiben. Erst als ihr Magen knurrte, bemerkte sie, dass sie sich verlaufen hatte.

„So ein Hühnermist!", schimpfte sie. „Ich habe Hunger."

Plötzlich erschnupperte sie einen leckeren Geruch.

Goldlöckchen und die drei Bären

„Hmmmmm", sagte sie, dem Duft nachgehend, „wie köstlich."

Ihr Näschen führte sie zu einem kleinen Haus im Wald. Goldlöckchen klopfte laut an die Tür. Doch niemand öffnete. Sie schaute durch das Fenster, konnte aber niemanden sehen. Also ging sie einfach hinein.

Auf dem Küchentisch standen drei Schüsseln Haferbrei: eine riesengroße, eine mittelgroße und eine winzig kleine. Eh man sichs versah, hatte Goldlöckchen schon einen Löffel in die große Schüssel getunkt und schob sich hungrig den Haferbrei in den Mund.

„AUA!", rief sie. „Viel zu heiß!" Als Nächstes probierte sie den Brei aus der mittelgroßen Schüssel. „IGITT, viel zu kalt!"

Nun war die winzig kleine Schüssel an der Reihe. „LECKER!" Der Brei hatte die richtige Temperatur. Goldlöckchen aß in Windeseile die ganze Schüssel leer und leckte noch den Löffel ab.

Dann sah sie sich im Zimmer um. Vor dem Kamin standen drei Sessel: ein riesengroßer, ein mittelgroßer und ein winzig kleiner.

„Genau das Richtige für ein Nickerchen", gähnte Goldlöckchen und schmiss sich in den großen Sessel. „Aua!", jammerte sie. „Viel zu hart!"

Der mittelgroße Sessel war fast noch schlimmer: „Viel zu weich."

Also probierte Goldlöckchen den winzig kleinen Sessel aus. Er war wirklich sehr klein, doch sie schaffte es, sich hineinzuquetschen. Doch da machte es KRACKS! Und dann – KAWUMM! – brach der Stuhl unter ihr zusammen.

Goldlöckchen und die drei Bären

„Oje!", rief sie und sprang auf. „Vielleicht merkt es ja niemand."

Goldlöckchen ging ins Schlafzimmer. Dort standen drei Betten: ein riesengroßes, ein mittelgroßes und ein winzig kleines.

„Ich lege mich mal kurz hin", beschloss Goldlöckchen. Sie ließ sich auf das riesengroße Bett fallen. UFF! Eindeutig zu klumpig.

Dann sprang sie auf das mittelgroße Bett. FLUMP! „Zu wabbelig!", rief sie und rollte herunter.

Vorsichtig setzte sie sich auf die Kante des winzig kleinen Betts und wippte ein wenig. Es war genau richtig. Bald schlief Goldlöckchen ein.

Während sie schlief, kamen aber die Bewohner nach Hause. Das war eine Bärenfamilie: ein riesengroßer Papabär, ein mittelgroßer Mamabär und ein kleiner Babybär. Die Familie betrat das Haus und ging zum Küchentisch, um zu frühstücken …

„Wer hat von meinem Haferbrei gegessen?", brummte Papabär, als er in seine Schüssel sah.

„Und wer hat von meinem Haferbrei gegessen?", brummte Mamabär.

„Ihr habt wenigstens noch Brei übrig!", rief Babybär. „Meine Schüssel ist leer gefressen. Sogar der Löffel ist blank geleckt!"

Goldlöckchen und die drei Bären

Nun wollte sich Papabär gemütlich vor den Kamin setzen. „Wer hat in meinem Sessel gesessen?", brummte er, als er das zerdrückte Kissen sah.

„Wer hat in meinem Sessel gesessen?", brummte auch Mamabär.

„Ihr habt wenigstens noch eure Sessel!", rief Babybär. „Meiner ist in tausend Stücke zerbrochen!"

Dann gingen die drei Bären nach oben ins Schlafzimmer.

„Wer hat auf meinem Bett gelegen?", brummte Papabär, als er die zerwühlte Bettdecke sah.

„Und wer hat auf meinem Bett gelegen?", brummte Mamabär.

„In eurem Bett liegt wenigstens niemand!", rief Babybär. „Schaut mal, wer in meinem schläft!"

In diesem Augenblick wachte Goldlöckchen auf und sah die drei Bären.

Zuerst dachte sie, es wäre nur ein Traum. Doch als der riesengroße Bär „WER BIST DU DENN?" brummte, wusste sie, dass die Bären echt waren.

Goldlöckchen sprang aus dem Bett, rannte die Treppe hinunter und zur Tür hinaus. Sie rannte und rannte, bis sie wieder zu Hause angekommen war.

Von diesem Tag an war Goldlöckchen wie verwandelt. Sie sah nun nicht nur aus wie ein Engel, sondern benahm sich auch so. Na ja, zumindest meistens …

Wer lebt da im Loch?

Wer lebt da im Loch, in der Wand, hier im Haus?
Kannst du es erraten? Es ist eine Maus!

Der Bienenstock

Seht den Bienenstock. Wo sind nur die Bienen?
Tief drinnen im Versteck,
wenn sie nicht der Königin dienen.
Doch kriechen sie hervor
und schwirren aus dem Tor ...
Eins, zwei, drei, vier, fünf!

Kleiner flinker Karlsson

Mein flinker Hund Karlsson,
springt über alles davon.
Jeden Tag über Zaun und Hecke,
meistert er schnell jede Strecke!

Fliegende Schweinchen

Stell Dir fliegende Schweinchen vor,
wohin würden sie gehn?
Vielleicht ganz hoch zum Himmelstor?
Von oben könnten sie alles sehn!
Oder vielleicht gen Süden,
wenn sie bis dort nicht ermüden.

Die Fliege

Die Fliege flog in den Hals
einer alten Dame, die daraufhin aß
drei Brote mit Schmalz.

Es war mal ein Fisch

Es war mal ein Fisch. (Der schwamm so für sich!)
Er lebte im Meer. (Das freute ihn sehr.)
Den Haken er fand. (An der Angel in meiner Hand.)
Drum bracht ich ihn her. (Er mundet mir sehr.)

Ich wünscht ...

Ich wünscht, ich wär ein Vogel Strauß,
als Strauß lief ich täglich weite Strecken.
Doch bekäme ich Angst, wär ich dann wohl bereit,
den Kopf in den Sand zu stecken?

Ich wünscht, ich wär ein Chamäleon,
wär mal blau, mal rot, mal grün – nicht nur im Gesicht.
Chamäleons sind die coolsten von allen –
sie verändern sich dauernd – und wer will das nicht?

Ich wünscht, ich wär ein prächtiger Delfin –
ja, das wäre mein Wunsch so sehr.
Würd springen und spritzen, tauchen und flitzen,
ich wär der schnellste von allen im Meer.

Ich wünscht, ich wär ein Elefant,
dann hätt ich viel zu lachen.
Mein Rüssel wär mein Gartenschlauch –
ein Bad könnt ich mir machen.

Ich wünscht, ich hätte noch mehr Wünsche.
Doch nun bin ich vom Wünschen ganz k.o.
So freu ich mich, ich selbst zu sein –
und geh vergnügt in den Zoo.

Der Winter

Der Winter kommt mit Eis und Wind,
der Schnee deckt zu die Welt geschwind.
Weit oben im Baum, in seinem Nest,
schläft das Eichhörnchen tief und fest.
Der Sturm tobt wild durch Flur und Wald,
da ist sogar der Katze kalt.
Hinter dem Ofen rollt sie sich ein
und kuschelt mit ihren Kinderlein.
Es türmen sich Schneeflocken zu Wehen,
vor lauter Weiß kann man kaum noch sehen.
Im Bau in der Erde schlummert der Hase,
und im Traum zittert seine kleine Nase.
Selbst die Mäuse trauen sich nicht hinaus,
schon der Gedanke ist ihnen ein Graus.
So trägt der Wald ein weißes Kleid,
und niemand rührt sich weit und breit.
Von drinnen fällt ein schwacher Schimmer,
aus dem warmen Kinderzimmer.
Alle ruhen und träumen vor Wonne
von wohliger, warmer Frühlingssonne.

Maria hatt' ein kleines Lamm

Maria hatt' ein kleines Lamm,
das Tier, das war ihr treu,
denn überall, wo Maria war,
war das Lämmchen mit dabei.
Es kam auch mit zum Unterricht,
was den Lehrern nicht gefiel.
Denn wenn das Lamm zur Schule kam,
gab's statt Lernen nur noch Spiel.

Die kleine Krabbelspinne

Die kleine Krabbelspinne
kriecht hinauf die Regenrinne.
(*Lauf mit Daumen und Zeigefinger,
dreh dabei das Handgelenk.*)
Kommt Regen, dann spült er sie hinaus.
(*Beweg die Finger einzeln und dabei
die Hände nach unten.*)

Kommt die Sonne, leckt sie alle Pfützen aus.
(*Beweg beide Arme in großem Bogen.*)

Dann streckt die Krabbelspinne alle Glieder –
und macht sich auf den Weg nach oben wieder.
(*Wiederhol die erste Aktion.*)

Leon kann singen!

Leon war ein glücklicher Elefant, der immerzu sang, doch sein Gesang machte leider die anderen nicht glücklich: Er war viel zu laut!

„Sei still!", riefen seine Freunde, wann immer er sang.

Eines Tages, nachdem seine Freunde besonders laut „Sei still!" gerufen hatten, wurde Leon sehr traurig.

„Du brauchst Gesangsunterricht", sagte seine Freundin, die Maus. „Lass uns die Drossel fragen."

Also hob Leon die Maus auf seinen Rücken, und zusammen gingen sie zum Drosselbaum im Dschungel.

Als Leon erklärte, wo das Problem lag, wollte die Drossel ihm gern helfen.

„Atme tief ein", sagte sie. „Füll deine Lungen ganz mit Luft und dann atme l…a…n…g…s…a…m durch deinen Rüssel aus!"

Es dauerte nicht lange, und Leon konnte so lieblich singen wie die Drossel – nur eben ein wenig lauter. „Ich kann also doch singen", rief Leon glücklich. „Tröt! Tröööt!"

Übung macht den Meister

Eines Tages hing eine Nachricht im Affenbaum: „Diesen Freitag: Turnwettbewerb in der Baumkronenschule", las Alf, der Affe. „Jeder darf mitmachen."

Alf war ganz aufgeregt, denn er liebte Turnen.

„Ich werde mitmachen", sagte er seiner Mutter. „Aber ich muss noch viel üben." Dann sprang er auf und schlug ein Rad.

„Sei bitte vorsichtig", rief seine Mutter. Aber Alf hörte nicht zu. Er schlug immer wildere und wildere Räder, bis er – Rums! – mit dem Kopf aufschlug.

„Aua", heulte Alf. „Ich glaube, ich mag nicht mehr turnen."

„Warum übst du nicht auf deinem Bett?", schlug seine Mutter vor. „Dann kannst du dir nicht wehtun, wenn du fällst."

„Klasse Idee", rief Alf und übte seine Tricks jeden Abend in seinem Zimmer – Purzelbaum, Hochsprung, Handstand und sogar Radschlag. Als der Tag des Wettkampfs gekommen war, beherrschte Alf sie alle perfekt. Und jetzt rate mal, wer den Wettkampf gewonnen hat. Alf natürlich!

„Übung macht den Meister!", rief Alf fröhlich und hielt seinen Pokal hoch.

Wie das Känguru seinen Schwanz bekam

Vor langer Zeit lebten einmal ein Känguru und ein Wombat zusammen in einer Hütte. Damals besaßen Kängurus noch keine Schwänze, und Wombats hatten runde Köpfe. Sie sahen also anders aus als heute. Obwohl sie sich gut vertrugen, schlief das Känguru lieber draußen und der Wombat lieber in der Hütte.

„Warum schläfst du nicht auch draußen?", fragte das Känguru. „Man kann so schön die Sterne sehen und dem Rauschen des Windes in den Bäumen lauschen."

„Das ist mir zu kalt, und außerdem könnte es regnen", antwortete der Wombat. „Ich schlafe viel lieber in der Hütte am Feuer."

Als der Winter nahte, wurde der Wind stärker und kälter.

„Ein bisschen Wind macht mir nichts aus", ermunterte sich das Känguru selbst, als es sich nahe am Baum zusammenrollte, um

Wie das Känguru seinen Schwanz bekam

nicht zu frieren. Dann begann es zu regnen. Mitten in der Nacht war das Känguru so durchgefroren, dass es die Tür zur Hütte öffnete und hineinging.

„Schlaf da drüben in der Ecke", murmelte der Wombat verschlafen, der vor dem Feuer schnarchte. „Ich will nicht auch noch nass werden."

Also rollte sich das arme Känguru in der zugigen Ecke zusammen, wo der Wind durch ein Loch in der Wand blies.

Am nächsten Morgen fror das Känguru immer noch.

„**Wach auf, du** selbstsüchtiger **Wombat!**", rief es missmutig. Erschrocken fuhr der Wombat aus dem Schlaf auf, stolperte und schlug mit dem Kopf auf. Seine Stirn war plötzlich ganz flach.

Da lachte das Känguru: „Das hast du nun davon, dass du mich nicht mit ans Feuer gelassen hast. Deine flache Stirn soll dich immer daran erinnern, wie gemein du gewesen bist!"

Da wurde der Wombat wütend und warf einen Stock gegen die Wand. Aber der Stock prallte von der Wand ab, traf das Känguru und blieb in seinem Hinterteil stecken.

„Und das soll von nun an dein Schwanz sein", lachte der Wombat. „Das geschieht dir recht!"

Deshalb haben Wombats eine flache Stirn und Kängurus einen langen Schwanz.

Filous großer Wunsch

Es war einmal ein wunderschönes Holzpferd namens Filou. Es wohnte auf einem Karussell an der Strandpromenade. Doch Filou war kein gewöhnliches Holzpferd. Er war etwas ganz Besonderes! Jeden Tag kamen Menschen, um ihm über die Nase zu streicheln und sich etwas zu wünschen. Fast alle diese Wünsche gingen in Erfüllung. Es hieß, Filou stamme aus einem Zauberland.

Filou liebte es, mit den kleinen Kindern im Kreis zu fahren und Wünsche zu erfüllen. Aber auch er selbst hatte einen großen Wunsch. Er wünschte sich, ein echtes Pferd zu sein und über den weichen Sand und durch die Wellen am Strand galoppieren zu können.

Eines Abends, als alle schon nach Hause gegangen waren, hörte Filou ein Wiehern, und eine wunderschöne weiße Stute erschien.

„Komm mit mir", rief die Stute.

„Ich kann nicht", antwortete Filou, „ich bin doch kein echtes Pferd."

„Nichts ist unmöglich", sagte die Stute und pustete sanft auf seine Nase.

Filous großer Wunsch

Plötzlich überkam Filou ein seltsames Gefühl. Seine Nase kitzelte, und seine Beine zuckten. Dann schlug er mit den Hufen aus und war frei. Er folgte der weißen Stute so schnell er konnte durch die Wellen.

„Wieher!", rief Filou, als er mit der weißen Stute durch die Nacht davongaloppierte. Sie hielten nicht an, bis sie ein weit entferntes Land erreichten, voller schneeweißer Pferde.

„Wo sind wir?", fragte Filou.

„Hier ist dein Zuhause", antwortete die weiße Stute. „Das Land, aus dem du stammst. Und all diese Pferde sind deine Brüder und Schwestern. Von nun an wirst du hier mit uns leben."

„Aber was ist mit dem Karussell und all den kleinen Kindern? Was ist mit all den Wünschen?"

„Mach dir keine Sorgen", antwortete die weiße Stute. „Du kannst jeden Tag auf dem Karussell arbeiten und jeden Abend nach Hause kommen."

„Wieher!", rief Filou erneut und schüttelte vor Freude seine Mähne. „Jetzt bin ich das glücklichste Pferd der Welt."

Mein Kätzchen

Sein Fell ist so weich, seine Krallen sind scharf,
ich freu mich, wenn ich es streicheln darf.
Mein Kätzchen tätzelt so gern nach der Wolle,
drum roll ich sie ihm, wenn ich mit ihm tolle.

Der grüne Frosch

Der grüne Frosch, der sitzt am Teich
und hütet seinen frischen Laich.
Die Sonne scheint darauf vom Himmel,
und bald beginnt ein wahres Gewimmel.
Die Kaulquappen schlüpfen und suchen ihr Glück
und kehren flugs als Frösche zurück.

Die unzufriedene Eule

Als die Eule in der Nacht auf ihrer Eiche saß,
da sprach sie laut und für sich hin: „Das macht doch keinen Spaß!
Immer dies Geheule und das die ganze Nacht –
viel lieber hätt ich auch mal einen Tagausflug gemacht!"

Mausgedicht

Mäusefüße, zart und fein,
Mäusespuren, klitzeklein,
ziehen sich durchs Feld so weit
zum Verweilen keine Zeit,
Blick, gerichtet stur nach vorn
geradeaus: Maus frisst Korn!

Pferd und Wagen

Pferd und Wagen hatte Hagen,
und er hat sie gern beladen.
Er fuhr Waren in die Stadt,
wo er sie verkauft bald hat.
Fuhr ohne Last er dann zurück,
lief sein Pferd mit leichtem Tritt.

Der seltsame Elefant

Gar seltsam ist der Elefant, bedenkt man es genau.
So riesig wie ein Haus ist er, und seine Haut ist grau.
Die Ohren sind wie Teller groß und vorn der Rüssel lang.
Hinten sitzt ein Stummelschwanz – vor Mäusen ist er bang.

Der Fuchs und die Trauben

An einem Sommertag lief der Fuchs durch ein Feld, als er weit über seinem Kopf Trauben hängen sah.

„Ich wünschte, ich könnte einige davon haben, um meinen Durst zu stillen", dachte er bei sich – aber die Trauben hingen viel zu hoch.

Der Fuchs stellte sich auf die Hinterbeine und reckte seinen Hals so weit er konnte, aber er kam einfach nicht an die Trauben heran. Da trat er ein wenig zurück, nahm Anlauf, lief auf den Rebstock zu und sprang … **doch daneben!**

Also versuchte der Fuchs es noch einmal von der anderen Seite. Er lief so schnell er konnte und sprang hoch in die Luft … aber er verpasste sie erneut. Entschlossen, sich die köstlichen Trauben zu holen, sprang der Fuchs wieder und wieder. Nun war es ihm noch heißer, und er hatte noch mehr Durst als zuvor – aber immer noch kam er nicht an die Trauben heran!

Schließlich sah der Fuchs die Trauben angewidert an.

„Ich weiß gar nicht, warum ich meine Zeit mit diesen fürchterlichen Trauben verschwende", sagte er. „Ich bin mir sicher, sie schmecken richtig sauer."

Äsops Moral: Das Unerreichbare ist leichter zu verachten.

Der Hund und sein Spiegelbild

Eines Tages kam ein hungriger Hund an einer Metzgerei vorbei und entdeckte ein Steak auf der Theke. Bei dem Anblick lief ihm das Wasser im Maul zusammen. Er wartete, bis der Metzger nach hinten in den Kühlraum ging, lief hinein und stahl das Fleisch.

Auf dem Heimweg musste der Hund eine schmale Brücke überqueren. Als er hinunter in den Fluss blickte, sah er einen

anderen Hund, der auch ein Stück Fleisch im Maul trug. Und es sah noch größer aus als seines!

„Ich will es haben!", dachte er. Also ließ er sein Stück Fleisch ins Wasser fallen und sprang in den Fluss, um das andere zu stehlen.

Doch als er nach dem Fleisch des Hundes schnappte, war es verschwunden, und er biss ins Wasser. Er war auf sein Spiegelbild hereingefallen – und hatte nun nichts mehr zum Essen!

Äsops Moral: Gier zahlt sich nicht aus.

Drei graue Gänse

Es waren drei graue Gänse,
die grasten im grünen Gras.
Grau waren die Federn der Gänse.
Grün waren die Büschel Gras.

Es waren drei graue Gänse,
die grasten im grünen Gras.
Da kam der Bauer mit der Sense,
und vorbei war der grüne Spaß.

*(Sag den Reim so schnell wie möglich
mehrmals hintereinander auf.)*

Ein verrückter Tag

Edi Eichhörnchen suchte den Waldboden ab und sammelte fleißig Nüsse für seinen Wintervorrat. Als er sich sicher war, dass ihn niemand beobachtete, schob er sie einzeln durch ein Loch in der großen Buche in sein Versteck.

Das war harte Arbeit, und gegen Mittag beschloss Edi, eine Pause zu machen. Er schlich sich noch einmal zur großen Buche und spähte durch das Loch, um zu sehen, wie viele Nüsse er gesammelt hatte. Stell dir nur vor, wie erschrocken er war, als er sah, dass sein Versteck leer war. All seine Nüsse waren weg!

„Jemand hat meinen Wintervorrat gestohlen", rief er wütend. Er schrie so laut, dass seine Freunde herbeieilten.

„Und wisst ihr, was mir heute passiert ist?", rief das Kaninchen und rieb sich den Kopf. „Jemand hat mir den ganzen Tag lang Nüsse auf den Kopf geworfen, und ich musste alles auch noch nach draußen kehren."

Da fing der Dachs an zu lachen. Er wusste genau, was passiert war. Edi hatte die Nüsse durch das Fenster des Kaninchens geworfen!

Als der Dachs den Freunden das erklärte, mussten auch Edi und das Kaninchen lachen.

„Was für ein verrückter Tag", kicherte Edi.

Der Einsiedlerkrebs

Auf seinem Rücken trägt der Krebs
ein hübsches Eigenheim.
Darin versteckt er sich sehr gern,
will er alleine sein.
Gar scheu und ängstlich ist das Tier,
das mit sich trägt sein ganzes Haus,
und bei Gefahr, da lugen nur
die Äuglein noch heraus.

Fünf kleine Bären

Fünf kleine Bären haben bei Nacht
die Sterne gezählt und herzlich gelacht.
Tanzten und hüpften im Mondenschein,
obwohl sie sollten zu Hause sein.
Dann haben sie sich ins Bett aufgemacht
und geträumt von der herrlichen Nacht.

Drei süße kleine Katzen

Drei süße kleine Katzen,
die mussten heftig weinen,
denn schmutzig warn die Tatzen
bis hoch zu ihren Beinen.

Da hat die Mama sehr geschimpft
mit unsren kleinen Schätzen
und ihnen kräftig eingeimpft,
sich nicht mehr zu beschmutzen.

Drei süße kleine Katzen,
die wollten Milchbrei schlecken
und ihre Nase gern einmal
ganz tief in Sahne stecken.

Da war die Mama sehr empört:
„So werdet ihr nur prall und rund!"
Dann hat sie ihnen schnell erklärt,
dass das nun wirklich ungesund.

Drei süße kleine Katzen

Drei süße kleine Katzen,
die hatten heimlich was vor:
Sie wollten sich vergnügen gehen,
draußen vor dem Tor.

Da war die Mama fassungslos
bei diesen wilden Plänen!
Ihr Unmut war darauf sehr groß,
man muss es kaum erwähnen.

Drei süße kleine Katzen
wollten Mama Freude machen
und haben Kuchen ihr gebacken
und lauter feine Sachen.

Da war die Mama sehr beglückt,
sie freute sich auch wie verrückt
und hat die Kätzchen ganz verzückt
ganz feste an ihr Herz gedrückt.

Die Schildkröte und der Bär

Eines Tages ging ein Bär am zugefrorenen Teich spazieren. Da sah er den Kopf einer Schildkröte aus dem Eis ragen.

„Guten Morgen, langsames Geschöpf", rief der Bär.

„Warum nennst du mich langsam?", fragte die Schildkröte.

„Jeder weiß, dass du das langsamste Tier bist", erklärte der Bär. „Alle anderen sind schneller als du."

„Lass uns das ausprobieren", sagte die Schildkröte, „und ein Rennen veranstalten."

Der Bär lachte bei dem Gedanken an ein Rennen. Sie einigten sich auf den nächsten Morgen. Kurz nach Sonnenaufgang trafen sie sich am Teich. Aus der ganzen Gegend waren die Tiere gekommen, um zuzusehen.

„Ich schwimme quer durch den Teich, und du kannst am Ufer entlanglaufen. Mal sehen, wer schneller auf der anderen Seite ist", schlug die Schildkröte vor.

„Aber wie?", fragte der Bär. „Der Teich ist doch zugefroren."

„Ich mache Löcher ins Eis. Jedes Mal, wenn ich ein Loch erreiche, strecke ich meinen Kopf heraus", erklärte die Schildkröte.

Der Bär und die Schildkröte nahmen ihre Startpositionen ein – der Bär am Ufer und die Schildkröte im Wasser. Der Hase gab

Die Schildkröte und der Bär

das Startsignal. Schnee flog auf, so schnell lief der Bär davon. Die Schildkröte tauchte unter das Eis und nach kurzer Zeit im nächsten Loch wieder auf.

„Schneller, Bär!", rief sie. „Ich liege ja schon in Führung!"

Der Bär lief noch schneller, aber Sekunden später schaute die Schildkröte schon aus dem nächsten Loch. Egal, wie schnell er rannte, er konnte mit der Schildkröte nicht mithalten.

Als der Bär am Ziel ankam, war er völlig erschöpft. Die Schildkröte wartete bereits auf ihn.

Der Bär war so beschämt, dass die Schildkröte ihn geschlagen hatte, dass er nach Hause wankte und bis zum Frühling nicht mehr aus seinem Haus kam.

Als der Bär und die anderen Tiere gegangen waren, klopfte die Schildkröte auf das Eis, und aus allen Löchern tauchten Köpfe auf. Sie gehörten den Verwandten der Schildkröte, die alle genauso aussahen wie sie.

„Dem Bären haben wir es gezeigt", sagte die Schildkröte. „Der nennt uns nie wieder langsam!" Und von diesem Tag an hielt der Bär jedes Jahr Winterschlaf bis zum Frühling.

Old MacDonald hat 'ne Farm

Old MacDonald hat 'ne Farm,
hie-a-hie-a-ho!
Und auf der Farm, da steht 'ne Kuh,
hie-a-hie-a-ho!
Mit 'nem Muh-Muh hier, 'nem Muh-Muh da,
hier ein Muh, da ein Muh, überall nur Muh-Muh-Muh.
Old MacDonald hat 'ne Farm,
hie-a-hie-a-ho!
Old MacDonald hat 'ne Farm,
hie-a-hie-a-ho!

Und auf der Farm, da steht ein Schwein,
hie-a-hie-a-ho!
Mit 'nem Oink-Oink hier,
'nem Oink-Oink da,
hier ein Oink, da ein Oink,
überall nur Oink-Oink-Oink.
Old MacDonald hat 'ne Farm,
hie-a-hie-a-ho!

(Wiederhol den Reim mit anderen Tieren und mach die Geräusche nach.)

Fünf kleine Affen

Fünf kleine Affen, die tobten auf dem Bett;
einer fiel herunter und stieß sich am Brett.
Mutter rief den Doktor an. – Der Doktor sprach:
Welch ein Glück,
dass niemand sich die Beine brach!

*(Wiederhole den Reim
und zähle dabei jedes Mal
einen Affen runter.)*

Bärchen

Bärchen war ein sehr neugieriger kleiner Bär und stellte dauernd Fragen: „Warum ist der Himmel blau?", „Wohin geht die Nacht?", „Wie wackeln die Würmer?"

„Meine Güte", lachte sein Papa. „So viele Fragen!" Aber natürlich versuchten er und Mama Bär immer, Bärchen eine Antwort zu geben. Aber die richtige Antwort zu finden, war nicht immer ganz einfach.

Eines Tages spazierte Familie Bär durch den Wald, als Bärchen ein seltsamer Gedanke kam: „Wie mag die Welt wohl auf dem Kopf aussehen?", fragte er.

Mama und Papa Bär sahen sich an und lächelten.

„Das weiß ich nicht!", lachte Mama Bär. „Die Antwort auf diese Frage wirst du wohl selber herausfinden müssen!"

„Aber wie?", fragte Bärchen.

„Ich zeige es dir, sobald wir zu Hause sind", antwortete Mama Bär. Bärchen lief so schnell er konnte nach Hause. „Beeilt euch", rief er. „Ich will doch wissen, wie die Welt auf dem Kopf aussieht."

„Nun gut", keuchte Mama Bär. „Stell dich gerade hin und streck die Arme über den Kopf."

Bärchen

„Aber was hat das damit zu tun, wie die Welt auf dem Kopf aussieht?", wollte Bärchen wissen.

„Das wirst du schon sehen", lächelte Mama Bär. „Nun geh mit dem rechten Fuß einen Schritt vor und lass dich vorwärts auf deine Hände fallen. Schwing dabei die Beine nach oben und versuch, sie gerade zu halten."

„Aber dann falle ich hin!", quengelte Bärchen.

„Keine Angst", sagte Mama Bär, „ich halte deine Beine fest."

Bärchen machte es so, wie seine Mama gesagt hatte, und konnte schon bald ohne Hilfe einen Handstand machen.

„Und? Wie sieht die Welt nun aus?", fragte Mama Bär.

„Na, alles seht auf dem Kopf", lachte Bärchen. „Das ist lustig!" Warum machst du nicht auch einen Handstand und siehst es dir an? „Na gut", lachte Mama Bär. „Aber dann muss Papa auch mitmachen!"

Es saß eine Krähe

Es saß eine Krähe
auf einem Zweig.
Sie sagte: „Ich sehe
nur Unglück und Leid."

Auf die Katze des Petrarch

Warum der Dichter Hadrian
die Katzen so besonders leiden kann?
Das lässt sich leicht ermessen!
Dass seine Verse nicht die Mäuse fressen.

Gotthold Ephraim Lessing

Mit den Lämmchen zu Bett

Zu Bett mit den Lämmchen,
geweckt von den Lerchen im Wald.
Beeilt euch, liebe Kinder,
denn dunkel wird's bald.

Die Eule ruft

Wenn überm Wald die Sterne funkeln,
die Kobolde im Dunkeln munkeln,
ruft Eule Schuhu:
Uhuh, uhuh!

Mein Held

Ich hatte mal einen Hund namens Held,
der hat schon früh am Morgen gebellt
und lief gern stundenlang durchs Feld.
Ja, mein Held war der beste Hund der Welt.

Eins, zwei, drei

Eins, zwei, drei –
Zucker übern Brei,
Spinne übern Speck –
und du bist weg!

Die eitle Krähe

Es war einmal eine Krähe, die weit von Zuhause zwei Pfauen in einem wunderschönen Garten erspähte. Die Krähe hatte nie zuvor solch farbenprächtige Federn gesehen. Sie flog also hinab und fragte die beiden Vögel, was sie seien.

„Wir sind Pfauen", antworteten sie und präsentierten stolz ihr prächtiges Federrad.

Die Krähe flog davon und schämte sich ihrer einfachen schwarzen Federn. Jedes Mal, wenn sie ihr Spiegelbild erblickte, musste sie an die Pfauen mit ihren herrlich schillernden Federn denken. Sie wünschte, sie würde wie sie aussehen.

Eines Tages erblickte die Krähe eine Feder auf dem Boden, die ihr bekannt vorkam. Die musste ein Pfau verloren haben. Die Krähe hob sie auf und brachte sie in ihr Nest.

Die eitle Krähe

Am nächsten Tag kehrte sie zu der Stelle zurück und fand eine weitere Feder. Jeden Tag kam sie nun wieder und sammelte die Federn ein.

Dann steckte sich die Krähe die Federn zwischen ihre Schwanzfedern und stolzierte damit vor den anderen Krähen auf und ab. Sie sollten sie so bewundern, wie sie die Pfauen bewundert hatte. Aber anstatt beeindruckt zu sein, lachten die anderen Krähen nur und meinten, sie sähe lächerlich aus.

„Das ist mir egal. Ich gehöre jetzt nicht mehr zu euch langweiligen Krähen", antwortete die eitle Krähe. „Ich fliege zurück in den wunderschönen Garten."

Also flog die Krähe wieder in den Garten und landete zwischen den Pfauen. Sie war sicher, sie würden sie willkommen heißen.

Aber sie riefen: „Du gehörst nicht zu uns!" Dann rupften sie ihr die geborgten Federn aus und pickten nach ihr, bis ihr keine andere Wahl mehr blieb, als nach Hause zu fliegen.

Der Krähe war nun klar, dass sie nicht vorgeben konnte, jemand zu sein, der sie gar nicht war. Aber auch die anderen Krähen vertrieben sie, als sie nach Hause kam.

„**Du gehörst nicht zu uns!**", krähten sie. Da flog die eitle Krähe traurig und allein davon.

Äsops Moral: Sei zufrieden mit dem, was du bist.

Fünf kleine Entlein

Fünf kleine Entlein gingen schwimmen im See,
mit Köpfchen im Wasser, Schwänzchen in der Höh.
Mutter Ente rief von Weitem: „Quack, quack, quack, quack!"
Doch es kamen nur vier kleine Entlein zurück.

Vier kleine Entlein gingen schwimmen im See,
mit Köpfchen im Wasser, Schwänzchen in der Höh.
Mutter Ente rief von Weitem: „Quack, quack, quack, quack!"
Doch es kamen nur drei kleine Entlein zurück.

Fünf kleine Entlein

Drei kleine Entlein gingen schwimmen im See,
mit Köpfchen im Wasser, Schwänzchen in der Höh.
Mutter Ente rief von Weitem: „Quack, quack, quack, quack!"
Doch es kamen nur zwei kleine Entlein zurück.

Zwei kleine Entlein gingen schwimmen im See,
mit Köpfchen im Wasser, Schwänzchen in der Höh.
Mutter Ente rief von Weitem: „Quack, quack, quack, quack!"
Doch es kam nur ein kleines Entlein zurück.

Ein kleines Entlein ging schwimmen im See,
mit Köpfchen im Wasser, Schwänzchen in der Höh.
Mutter Ente rief von Weitem: „Quack, quack, quack, quack!"
Und alle fünf Entlein kamen schnatternd zurück!

Daisys großes Abenteuer

Es war einmal ein rotes Kätzchen, das hieß Daisy. Es gehörte einem kleinen Jungen namens Kai. Daisy war eine glückliche kleine Katze. Wenn sie sich nicht die Zeit im Garten vertrieb, spielte sie in Kais Zimmer. Sie liebte seine Spielzeuge und kannte jedes einzelne mit Namen. Und nach einem langen Spieltag rollte sich Daisy auf Kais Bett zum Schlafen ein.

Eines Morgens wachte Daisy auf und sah, dass etwas Neues auf Kais Fußboden stand. Es war groß, eckig und aus Holz.

„Was kann das nur sein?", fragte sie sich. Sie beschnüffelte das „Ding" vorsichtig und stupste mit der Pfote daran. „Vielleicht ist das ein neuer Schlafplatz für mich", dachte sie und hüpfte hinein, um es auszuprobieren. Aber sofort hüpfte sie wieder hinaus. Das „Ding" war voller kleiner Leute. Sie waren fein angezogen und sahen sehr wichtig aus. Einer von ihnen ritt sogar auf einem Pferd.

„Wer ist das, und wo kommen sie her?", fragte sie sich. Sie versteckte sich hinter dem Springteufel und beobachtete, was

Daisys großes Abenteuer

sie wohl tun würden. Daisy wartete und wartete, aber die kleinen Leute rührten sich nicht. Selbst das Pferd blieb absolut ruhig.

„Wie seltsam", dachte Daisy. Sie kroch aus ihrem Versteck und gab einem der Leute einen Stups. Der arme Kerl fiel zu Boden, doch er bewegte sich nicht.

„Entschuldigung", miaute sie. „Ich hoffe, ich habe Ihnen nicht wehgetan!"

Da wachte Kai auf. Als er Daisy miauen hörte, sprang er aus dem Bett und nahm sie auf den Arm.

„Was machst du da?", lachte er und drückte sie. „Spielst du etwa mit meinen neuen Rittern und der Burg?"

„Ach so", dachte Daisy. „Deshalb bewegen die sich nicht. Das sind Spielzeuge."

Und von nun an war die Burg Daisys Lieblingsspielzeug. Besonders gern spielte sie Ritter und Drache – der Drache war natürlich ihre Rolle!

Kleines Huhn

Higgeldi-piggeldi,
kleines schwarzes Huhn,
legst Eier für uns alle, hast gar viel zu tun.
Manchmal neun und manchmal zehn –
Higgeldi-piggeldi, Hühnchen, lass sehn!

Hopp, hopp, hopp

Hopp, hopp, hopp,
Pferdchen, lauf Galopp!
Über Stock und über Steine,
aber brich dir nicht die Beine!
Hopp, hopp, hopp, hopp, hopp!
Pferdchen, lauf Galopp!

Der Esel und die Salzsäcke

Eines Tages wollte ein Händler Salzsäcke von der Küste holen. Er lud die Säcke auf den Rücken seines Esels, und sie machten sich auf den Weg nach Hause.

Der Esel hatte Mühe, die schwere Ladung zu tragen, und als sie einen flachen Fluss überquerten, rutschte er auf einem Stein aus.

Platsch! fielen die Säcke ins Wasser. Als der Mann sie endlich wieder aufgehoben hatte, war das meiste Salz ausgewaschen.

„Das ist besser", dachte der Esel, als der Mann ihm die halb leeren Säcke auf den Rücken lud. Und so trotteten sie fröhlich weiter die Straße entlang.

Am nächsten Tag ging der Händler erneut zur Küste und lud dem Esel eine große Salzladung auf.

Da war der Esel sehr verärgert, denn er sollte schon wieder eine so schwere Last tragen. Als sie auf dem Heimweg an den Fluss

Der Esel und die Salzsäcke

kamen, erinnerte er sich daran, was am Tag zuvor geschehen war, und tat so, als würde er stolpern. Platsch! fielen die Salzsäcke erneut ins Wasser.

Zur Freude des Esels waren die Säcke auch dieses Mal halb leer, als der Mann sie aufgehoben hatte.

Der Händler war aber nicht dumm und erriet bald, dass der Esel an diesem Tag mit Absicht ausgerutscht war. Da wurde er sehr böse und beschloss, dem Esel eine Lektion zu erteilen.

Am folgenden Tag nahm er den Esel wieder mit an die Küste. Doch diesmal lud er ihm zwei große Körbe mit Schwämmen auf den Rücken. Natürlich waren die Schwämme sehr leicht, aber als sie den Fluss erreichten, begannen die rauen Körbe an den Schultern des Esels zu reiben.

„Ich tue einfach wieder so, als würde ich ausrutschen", dachte der Esel – und Hoppla! – ließ er die Schwämme ins Wasser fallen.

Zur Verwunderung des Esels wurde der Händler gar nicht wütend. Er hob nur die Schwämme auf und legte sie zurück in die Körbe.

„Oh, nein!", stöhnte der Esel, als sich die Körbe füllten. Die vollgesogenen Schwämme waren so schwer! Ihm blieb nichts anderes übrig, als sie nach Hause zu schleppen. Und jetzt war die Ladung zehn Mal schwerer als zuvor.

Äsops Moral: Nicht für alle Probleme gibt es dieselbe Lösung.

Der Bauer spannt den Wagen an

Der Bauer spannt den Wagen an,
sein Pferdchen, ja das läuft voran,
klippedi, klappedi, klopp!
Sein Töchterchen im Wagen sitzt
und ganz gespannt die Ohren spitzt,
wackeldi, wackeldi, wock!
Sie lauscht der Krähe, die da schreit,
so laut, als wäre sie zu zweit,
kräh, kräh, kräh!
Vor Schreck legt Pferdchen die Ohren an
und rennt davon, so schnell es kann.
Galoppel, galoppel, galopp!
Pferdchen stolpert, der Bauer fällt,
das hat er wirklich nicht bestellt.

Lerche und Goldfisch

Lerche, Lerche, Vöglein fein,
lass dich von mir fragen:
Wird dir der Himmel nicht einmal
zu fad in diesen Tagen?
Hast du die Wolken noch nicht satt
und die luft'gen Höhen;
möchtest du die Welt nicht mal
wie ein Goldfisch sehen?
Goldfisch, tief im dunklen Teich,
willst du ewig schwimmen?
Oder möchtest du nicht gern
in die Luft dich einmal schwingen?

Die Drossel

Hallo, kleine Drossel,
sag, wo ist dein Nest?
Dort drüben im Wald,
im hohen Geäst!

Unser Karlchen

Unser Karlchen hat 'ne Kuh,
schwarz, mit weißen Flecken dazu.
Karlchen öffnet's Tor, und was glaubst du:
Im Nu war verschwunden Karlchens
schwarz-weiße Kuh!

Ammenuhr (Auszug)

Das Huhn gagackt, die Ente quakt,
die Glock schlägt sechs –
steh auf, steh auf, du faule Hex.

Katzen und Hunde

Hudel, schnudel, rund und bunt,
die Katze mag den Pudelhund.
Die Katze in der Jacke, der Hund mit dem Hut,
die wollen jetzt tanzen, das können sie gut.

Fische schwimmen

Fische tauchen ins Wasser rein.
Vögel fliegen in die Luft hinein.
Schlangen kriechen auf dem Grund.
Wenn Kinder hüpfen, sind sie gesund.

Der seltene Vogel

Macht der Wind kein Federlesen,
gar kein Federlesen,
und nun muss das Männlein fliegen.
Hui, wie ist es aufgestiegen,
wie ein Flügelwesen.

Gustav Falke

Der Samthase

Es war einmal ein flauschig weicher Hase. Sein Fell bestand aus Samt, und seine Ohren waren innen mit rosa Satin ausgeschlagen. Als er zu Weihnachten einem kleinen Jungen geschenkt wurde, war er das schönste Geschenk.

Anfangs fand der Junge den kleinen Samthasen toll, doch dann setzte er ihn einfach ins Regal.

„Was ist echt?", fragte der Samthase eines Tages die anderen Spielsachen im Regal.

„Das wird man, wenn ein Kind einen richtig lieb hat", erklärte das Spielzeugpferd. „Ich bin schon vor langer Zeit durch den Onkel des Jungen echt geworden. Es kann sehr lange dauern. Aber das macht nichts, denn wenn du einmal echt bist, kannst du nicht mehr hässlich werden."

Eines Abends, als das Kindermädchen den Jungen zu Bett brachte, konnte es sein Lieblingsspielzeug nicht finden und holte deshalb den Samthasen.

„Hier, nimm deinen alten Hasen!", sagte sie. Und von da an schlief der Hase immer bei dem Jungen.

Erst war es ein wenig ungemütlich, denn der Junge drückte ihn so sehr an sich, dass der Hase kaum atmen konnte. Aber schon bald schlief er gern bei ihm ein. Wenn der Junge zu Bett ging,

Der Samthase

schmiegte sich der Hase an ihn und träumte davon, ein echter Hase zu werden.

Der Junge nahm den Samthasen überallhin mit. Er fuhr mit im Bollerwagen und war beim Picknick auf der Wiese dabei. Er war so glücklich, dass er kaum bemerkte, dass sein Fell ganz stumpf wurde.

Eines Tages ließ der Junge den Hasen auf dem Rasen liegen. Da musste das Kindermädchen ihn holen, denn am Abend konnte der Junge ohne ihn nicht einschlafen.

„All die Aufregung, nur wegen eines Spielzeugs", seufzte das Kindermädchen.

„Das ist kein Spielzeug, er ist echt!" rief der Junge.

Als der Hase das hörte, wurde ihm ganz warm ums Herz. Er war echt! Der Junge hatte es selbst gesagt.

Eines Nachmittags vergaß der Junge den Hasen im Wald, als er Blumen pflückte. Plötzlich tauchten zwei seltsame Tiere auf. Sie sahen aus wie der Samthase, waren aber viel flauschiger. Es waren wilde Hasen.

„Warum kommst du nicht mit und spielst mit uns", fragte der eine.

„Ich mag nicht", antwortete der Samthase. Er mochte nicht zugeben, dass er sich nicht bewegen konnte. Aber er wünschte sich so sehr, so hüpfen zu können wie die beiden echten Hasen.

Einer der wilden Hasen hüpfte so nah an ihm vorbei, dass er sein Ohr

Der Samthase

berührte. Dann rümpfte er misstrauisch die Nase und hüpfte wieder zurück.

„Er riecht nicht richtig!", sagte der wilde Hase. „Er ist gar kein echter Hase!"

„Aber ich bin echt", sagte der Samthase. „Der Junge hat es selbst gesagt!" Da rannte der Junge herbei, und die Hasen hüpften davon.

„Kommt zurück und spielt mit mir!", rief der Samthase, aber er bekam keine Antwort. Schließlich nahm ihn der Junge mit nach Hause.

Ein paar Tage später wurde der Junge krank. Das Kindermädchen und der Arzt kümmerten sich um ihn, aber niemand beachtete den Samthasen unter der Decke.

Allmählich ging es dem Jungen wieder besser. Der Samthase hörte, was das Kindermädchen und der Doktor sagten. Sie wollten den Jungen ans Meer bringen.

„Hurrah!", dachte der Samthase voller Vorfreude. Aber er wurde in einen Sack gesteckt und an den Rand des Gartens getragen, um im Gartenfeuer verbrannt zu werden.

An diesem Abend nahm der Junge ein neues Spielzeug mit ins Bett, und der Samthase fühlte sich draußen sehr einsam. Er versuchte, oben aus dem Sack herauszulugen. Dann erinnerte er sich an all den Spaß, den er mit dem Jungen gehabt hatte. Er dachte an das weise Spielzeugpferd und fragte sich, was es für einen Sinn hatte,

Der Samthase

geliebt zu werden und echt zu werden, wenn man dann doch allein war. Eine echte Träne lief seine Samtwange hinunter.

Dann passierte etwas Seltsames. Eine kleine Blume spross plötzlich aus dem Boden! Als sie ihre Blüte öffnete, flog eine winzige Fee heraus.

„Hallo, Samthase", sagte sie, „Ich bin die Kinderstubenfee. Wenn Spielzeuge alt und abgenutzt sind und die Kinder sie nicht mehr brauchen, nehme ich sie mit und mache echte Tiere daraus!"

„Aber war ich denn bisher nicht echt?", fragte der Samthase.

„Für den Jungen warst du echt!", antwortete die Fee. „Aber jetzt sollst du für uns alle echt sein."

Die Fee ergriff die Pfote des Samthasen und flog mit ihm in den Wald, wo die Hasen spielten.

„Ich bringe euch einen Spielkameraden", sagte die Fee und setzte den Samthasen im Gras ab.

Der kleine Hase wusste nicht, was er tun sollte. Aber dann juckte ihn etwas im Gesicht, und bevor er wirklich wusste, was er tat, hob er das Bein und kratzte sich die Nase. Er konnte sich wirklich bewegen! Der kleine Hase hüpfte vor Freude in die Luft. Endlich war er ein echter Hase.

Die Vöglein im Winter

Spätzlein vor den Häusern fragen:
„Habt ihr nicht ein bisschen Brot?"
Finklein klagen auch und bitten:
„Ach, erbarmt euch unsrer Not!"
Auch die Amseln und die Ammern
sitzen zitternd in dem Schnee,
und sie frieren und sie jammern:
„Ach, der Hunger tut so weh!
Liebe Kinder, streut uns Bröschen,
werdet nicht im Geben müd,
wenn dann Veilchen blühn und Röschen,
singen wir euch Lied um Lied."

Mein Meerschweinchen

Es war einmal ein Schweinchen fein,
das war nicht groß und war nicht klein.
Es fraß sehr gerne grüne Sachen
und wollte ständig Späße machen.
Manchmal lief es schnell davon,
dann kam es wieder, rief ich „Komm!"
Es konnt in höchsten Tönen quieken
oder in die Hand mich pieken.
Doch war es gar nicht gern allein,
und so liebte ich mein Schweinchen fein.

Der Löwe und die Maus

Eines Tages, als der Löwe tief schlafend in seiner Höhle lag, lief ihm etwas über das Gesicht. Müde öffnete er ein Auge und war erstaunt, direkt vor seiner Nase eine kleine Maus zu sehen. Wie der Blitz schoss seine Pranke vor und packte die Maus.

„Wie kannst du es wagen, dem König der Tiere über das Gesicht zu laufen?", brüllte der Löwe. „Dafür sollst du mit deinem Leben bezahlen!"

Er öffnete sein riesiges Maul und wollte die Maus schon verschlingen, als er sie quieken hörte.

„Bitte, fresst mich nicht, Majestät", flehte die Maus. „Wenn Ihr mir verzeiht und mich gehen lasst, werde ich mich für Eure Güte eines Tages revanchieren."

Der Löwe musste bei dem Gedanken lachen, dass ein so kleines und unwichtiges Tier wie eine Maus jemals etwas für den König der Tiere tun könnte.

„Du willst etwas für mich tun?", lachte er. „Wie denn das?"

Der Löwe und die Maus

Aber weil der Löwe gerade ein großes Mahl genossen hatte und das Angebot der Maus so lustig fand, ließ er sie laufen.

Einige Zeit später schlich der Löwe gerade einem Zebra hinterher, als er sich in einem Netz verfing, das Jäger ausgelegt hatten. Er versuchte, sich daraus zu befreien, aber je mehr er sich bemühte, desto stärker verfing er sich in dem Netz. Bald war er so erschöpft, dass er sich nicht mehr rühren konnte, geschweige denn um Hilfe rufen.

Der Löwe hatte schon fast jede Hoffnung aufgegeben, als die kleine Maus vorbeikam.

„Lass mich dir helfen", quiekte die Maus, kletterte auf die Schulter des Löwen und begann, mit ihren scharfen Zähnen das Netz durchzunagen. Bald hatte sie die meisten Knoten durchtrennt, und der Löwe konnte sich aus dem Netz winden.

Bevor er davonlief, dankte der Löwe der kleinen Maus.

„Ich bin dir ewig dankbar, kleine Freundin", sagte er. „Du hast mir eine wichtige Lehre erteilt: Keine gute Tat ist vergeblich, mag sie auch noch so klein sein."

Äsops Moral: Kleine Freunde können sich als große Hilfe erweisen.

Der Fuchs und der Storch

Vor langer Zeit einmal beschloss der Fuchs, seinem Nachbarn, dem Storch, einen Streich zu spielen.

„Möchtest du bei mir zu Abend zu essen?", fragte er den Storch eines Morgens.

Der Storch war erstaunt über die Einladung, da der Fuchs noch nie freundlich zu ihm gewesen war, nahm aber erfreut an. Schließlich sah der Fuchs wohlgenährt aus, würde also bestimmt gut kochen.

Den ganzen Tag lang stieg dem Storch der betörende Duft der Suppe in die Nase, die der Fuchs für den Abend zubereitete. Als er zum Essen eintraf, war er daher sehr hungrig – ganz, wie es der Fuchs beabsichtigt hatte.

„Lass es dir munden", sagte der listige Fuchs und schöpfte ihm eine Kelle Suppe auf einen flachen Teller. Der Fuchs konnte leicht

Der Fuchs und der Storch

aus dem Teller schlecken, der Storch aber nur seine Schnabelspitze hineintunken. Keinen einzigen Tropfen bekam er so zu essen!

„Mmm, das war köstlich", sagte der Fuchs, als er seine Suppe aufgeschlürft hatte. „Aber du scheinst keinen Appetit zu haben. Also werde ich deine Suppe auch noch essen."

Der arme Storch ging hungrig nach Hause und nahm sich vor, es dem hinterlistigen Fuchs heimzuzahlen. Eine Woche später ging er zu ihm.

„Ich möchte mich für das Essen letzte Woche bedanken", sagte er, „und mich für die Einladung revanchieren. Komm doch heute Abend zu mir zum Essen."

Der Fuchs argwöhnte zwar, dass der Storch sich rächen wollte, konnte sich aber nicht vorstellen, wie ihm das gelingen sollte. Denn schließlich war er für seine Gerissenheit berühmt, und kaum einer hatte ihn jemals hinters Licht geführt.

Den ganzen Tag lang freute sich der Fuchs auf das Essen, und abends war er sehr hungrig. Als er sich dem Storchenheim näherte, stieg ihm der Duft eines köstlichen Fischeintopfs in die Nase, und das Wasser lief ihm im Mund zusammen.

Als der Storch aber auftrug, servierte er den Eintopf in einem hohen Krug mit schmalem Hals. Der Storch konnte den Fisch ganz einfach mit seinem langen Schnabel erreichen, der Fuchs aber nur am Rand lecken und den herrlichen Fischduft riechen. Beschämt musste er sich eingestehen, dass er überlistet wurde – und ging mit leerem Bauch nach Hause.

Äsops Moral: Was du nicht willst, dass man dir tu, das füg auch keinem andern zu.

Kleine Spinnen

Kleine Spinnen weben fein …
ein Netz, das fängt ihr Frühstück ein.

Im alten Stall

Im alten Stall die Eule wohnt,
hoch oben im Gebälk sie thront.
Doch nachts, so weiß es jede Maus,
da fliegt sie dann zum Jagen aus.

Das Kuckucksei

Frau Pieper fand, ganz nebenbei,
in ihrem Nest ein Kuckucksei.

Hätt ich 'nen Esel

Hätt ich 'nen Esel, der stur wär und faul,
dem läg ich den Mais direkt vor sein Maul.

Zwei Tauben

Zwei Tauben wohnten einst bei mir,
grau mit einem Ringel,
und an den Füßchen trugen sie
zur Zeichnung einen Kringel.
Doch eines Tages flogen sie
und kehrten nicht zurück.
Ich hoffe nur, sie finden
auch anderswo ihr Glück.

Kleines weißes Entchen

Zwischen vielen gelben Entchen
schwimmt ein weißes auch umher;
die Enten wundern sich darüber sehr.
Doch das kleine weiße Entchen
ist immer noch ganz unbeschwert –
daran ist auch nichts verkehrt.

Das Murmeltier

Kann das Murmeltier den Schatten sehn
will der Winter noch nicht gehn.
Stellt der Schatten sich nicht ein,
bricht der Frühling bald herein.

Matschpfötchen

Es war ein ganz besonderer Tag für Ben. Er hatte einen Hundewelpen bekommen! „Ich muss mir einen schönen Namen für dich überlegen", dachte Ben.

„Mir ist ganz egal, wie du mich nennst, solange du immer mit mir spielst", dachte der kleine Welpe

Ben suchte in seinem ganzen Zimmer nach einer passenden Idee!

„Vielleicht finde ich in meinem Lesebuch ja einen hübschen Namen", sagte Ben.

„Ich schaue mir lieber die Pflanze an", dachte sich der kleine Welpe und entdeckte dahinter einen bunten Schmetterling.

Der Welpe schlich sich zum Blumentopf ... schnüffelte kurz ... und sprang dem Schmetterling hinterher.

Er wollte den Topf nicht umkippen, ... aber genau das tat er.

Er hinterließ überall matschige Pfotenabdrücke.

„Lass uns in den Park gehen.

Vielleicht fällt mir da ein guter Name ein", sagte Ben.

Matschpfötchen

„Ich schaue lieber nach, was sich hinter dem Baum verbirgt", dachte sich der kleine Welpe.

Also lief er ... und lief. Er wollte nicht in die Pfütze springen, ... aber genau das tat er. Er hinterließ überall matschige Pfotenabdrücke.

Bens Nachbarn gaben eine Gartenparty. „Vielleicht weiß einer der Gäste einen schönen Namen für dich", sagte Ben. „Komm, wir fragen sie!"

„Ich schau lieber in den Teich", dachte der kleine Welpe. Er beugte sich hinüber ... und noch ein Stückchen weiter. Er wollte nicht in den Teich fallen, ... aber genau das tat er. Er hinterließ überall matschige Pfotenabdrücke.

„Wir gehen am besten nach Hause und machen dich sauber", sagte Ben. „Ich möchte lieber noch in den Garten", dachte der kleine Welpe.

Dort buddelte er ... und buddelte ... und buddelte.

Diesmal fand er viele Dinge: einen verlorenen Ring ... einen alten Schraubschlüssel ... und ein Spielzeugauto, das Ben schon lange vermisst hatte.

Matschpfötchen

Er wollte den Dreck nicht ins Haus tragen, ... aber genau das tat er. Er hinterließ überall matschige Pfotenabdrücke.
Und er wollte zwar keinen Namen für sich finden, aber ... rate mal! Genau das tat er!

Matschpfötchen

„Du bist der matschigste, lustigste Hund, den ich kenne", sagte Ben lachend. „Für dich gibt es nur einen Namen."

„Matschpfötchen!"

Nur noch einmal schwimmen!

Mama Bär und ihre Babys schliefen sicher in ihrer Schneehöhle. Die Eisbärjungen wachten auf. Sie gähnten und streckten sich.

Mama Bär schnupperte an der Luft und lief zum Wasser.

Die Bärenjungen stapften hinterher.

Mama Bär grub ein Loch in die Eisdecke. Sie tauchte ihre Tatze hinein und fing einen Fisch.

Die Bärenjungen versuchten, es ihr nachzumachen. Eins grub ein Loch. Die anderen sprangen auf der Eisdecke herum und verscheuchten so die Fische. Die Bärenjungen begannen zu zanken und zu kämpfen. Sie warfen einander in den Schnee und liefen auf ihren Schneeschuh-Pfoten hin und her. Sie lachten und tobten, doch dann sahen sie etwas Außergewöhnliches. „Was ist das?", fragten sie und schauten erstaunt auf das blaugrüne Meer.

Von nun an führte Mama Bär ihre Jungen jeden Morgen ein Stück näher ans Meer heran. Dann, eines Tages, näherten sie sich langsam und vorsichtig dem Ufer, und Mama Bär glitt ins Wasser.

„Komm zurück", riefen die Bärenjungen ängstlich. Doch Mama Bär schwamm auf eine Eisscholle zu.

Nur noch einmal schwimmen!

Die Bärenjungen warteten zitternd auf dem dünnen Eis. Das Wasser kräuselte sich am Ufer. Mama Bär rief ihre Babys. Sie sollten sich auch ins Wasser trauen. Die Bärenjungen steckten zögerlich eine Pfote in Wasser und zogen sie gleich wieder raus. Brrr, war das kalt!

„Habt keine Angst", rief sie. „Ihr schafft das!" Und schon paddelten die kleinen Eisbären im Meer. Sie plantschten und tobten im eisigen Wasser.

Sie spielten so lange, bis Mama Bär schließlich sagte: „Genug geübt!"

Dann brachte Mama Bär ihre Babys zu einem Blaubeerstrauch. Sie naschten Beeren, bis ihre Tatzen ganz blau waren.

Mama Bär genoss es, sich die Sonne aufs feuchte Fell scheinen zu lassen. Aber ihre Babys hatten dazu keine Lust.

Sie sprangen wieder ins Wasser und riefen:
„Nur noch einmal schwimmen!"

Meister Langohr

Langes Bärtchen, kurze Nase,
große Ohren hat der Hase.
Kleine Pfötchen, kurzes Fell,
trägt der muntere Gesell.
Und eh du ihn noch recht entdeckst
hat er sich im Busch versteckt –
kleine Äuglein im Gesicht,
hopp, hopp, hopp, du kriegst mich nicht!

Wie viele Flaschen?

Grunz, sagt das Schwein,
gack-gack, sagt die Henne.
Wie viele Flaschen
holt die Katze aus der Tenne?
Meck-meck, sagt die Gans,
ich zähle zehn!
Wuff-wuff, sagt der Hund,
ich kann sie sehn.

Kleines Kätzchen

Kleines Kätzchen, kuschle dich ins warme Bett hinein.
Lass den Mond in dieser Nacht Wächter deiner Träume sein.

Du kleines Kätzchen, träume von Milch und spielender Jagd
nach deinem bunten Wollknäuel. Träume, bis es tagt.

Und du, mein Kind, schlaf sorglos und träume süß heut Nacht.
Der Mann im Mond schaut auf dich herab,
hält einsam seine Wacht.

Jimmy Schnecke

Ganz geruhsam glitt er gestern
hinterm Haus auf seinen Weg.
Heute, als ich ihn gesehen,
war er an dem Bootshaussteg.

Wo der Jimmy mal gewesen,
sieht man seinen Silberpfad.
Ist er müd, geht er ins Häuschen
und schreibt draußen dran: Privat!

Das ist nicht mein Bruder

Am ersten Sonnentag liefen sogleich alle kleinen Enten hinunter zum Teich.

„He, nehmt mich mit, lasst mich nicht allein, rief Entchen Dora, „ich will nicht die Allerletzte sein."

„Dann beeil dich!", rief Bruder Piet ihr noch zu und schlüpfte gelenkig durch das Gatter im Nu.

„**Wo bist du nur, Bruder?**", rief Dora ganz laut.

Quakte der Frosch: „Du suchst Piet und die anderen zehn? Komm her, ich glaub, ich hab sie gesehn."

Dora lief los, der Frosch voran, bis sie zu einem großen Strohhaufen kam.

Da rief Dora: „Ja, hier muss er sein!", doch sie sah nur in Frau Hennes Nest hinein.

„**Das ist nicht mein Bruder!**", rief Dora. „Das ist nur Henne!"

Das ist nicht mein Bruder

„Du suchst deinen Bruder?", gluckte Henne froh „Dann folgst du besser den Spuren im Stroh!"

„Also komm", meinte Frosch, „nun mach keinen Quatsch."
„Bist du sicher?", fragte Dora. „Da liegt so viel Matsch!"

Etwas quiekte hinterm Baum, sie waren nicht allein. „Da, hör nur", meinte Frosch, „das wird er wohl sein."

„Das ist nicht mein Bruder!", rief Dora. „Das ist nur Schwein!"

Da sagte Schwein: „Dort führen die Spuren zurück. Versuch doch einmal mit denen dein Glück."

Im hohen Gras hatte Frosch eine Idee, und er führte sie auf die Lichtung mit Klee.

„Hier gibt's doch keine Entenspur, oder was meinst du?", sagte Dora zu Frosch, da sprach jemand „Muh!"

„Das ist nicht mein Bruder!", rief Dora. „Das ist nur Kuh!"

„Du suchst deinen Bruder?", fragte Kuh, die ruhig fraß. „Dann folge dem Pfad dort, mit dem niedrigen Gras."

Die beiden schlugen den Weg auch ein, der führte direkt in die Scheune hinein.

Da rief Frosch: „Da ist grad wer vorbeigeflitzt. Ich wette, dass dein Bruder hinter der Türe sitzt.

„Das ist nicht mein Bruder!", rief Dora. „Das ist nur Maus!"

Das ist nicht mein Bruder

„Du suchst deinen Bruder?", quiekte Maus. „Zum Haareraufen! Aber schau mal, durch die Blumen dort ist auch wer gelaufen."

„Meinst du, dass er dort spazieren geht?", fragte Frosch und hüpfte durchs Beet.

„Sieh, da sind Abdrücke von seinen Füßen – gleich hinterm Rosenbusch kannst du ihn begrüßen."

„Das ist nicht mein Bruder!", rief Dora. „Das ist nur Ziege!"

„Wenn du Piet suchst", sagte Ziege, und streckte ihre Gelenke, „dann folge dem Weg hinunter zur Tränke!"

„Na komm", meinte Frosch, „worauf wartest du noch? Hörst du nicht, da planscht jemand doch!"

„Das ist nicht mein Bruder!", rief Dora. „Das ist nur Hund!"

„Du suchst deinen Bruder?", rief Hund. „Na, dann lauf mal zum Teich geschwind, wo sie alle beim Baden sind."

Das ist nicht mein Bruder

Doch am Ufer war kein Entchen zu sehn, nur Spuren im Sand von mindestens zehn.
„Sieh nur, Frosch! Nun sei nicht beklommen, von dort hinten kommen all meine Brüder geschwommen!"

Große Schelmerei

Eine Maus lief ins Haus
und warf die alte Katze raus.

*Trommelwirbel, Schellenspiel
und ein lauter Knall,
nach dem Hochmut kommt der Fall.*

Ein Nachtgespenst, das schrie: Huh! Huh!
Sein Knochen steckte noch im Schuh.

*Trommelwirbel, Schellenspiel
und ein lauter Knall,
nach dem Hochmut kommt der Fall.*

Große Schelmerei

Kettenrasseln, Wolfsgeheul und viel Lug und Trug,
niemand fürchtet hier den Spuk.

*Trommelwirbel, Schellenspiel
und ein lauter Knall,
nach dem Hochmut kommt der Fall.*

Ein alter Mann trug seinen Hund,
doch der Hund war kerngesund.

*Trommelwirbel, Schellenspiel
und ein lauter Knall,
Schelmerei all überall.*

Die Geschichte ist jetzt aus.
Und was war nun mit der Maus?

Vögelchen, ich lad euch ein

Vögelchen, ich lad euch ein,
an meinem Obst zu naschen.
Auch für eure Kinderlein
macht euch ruhig voll die Taschen.

Sieh doch mal

Sieh doch mal! Was gibt's denn dort?
Der Kopf des Pferdes ist ganz hinten, doch der Schweif ist fort!

Ein kleiner Hund

Ein kleiner Hund saß einst
bettelnd unterm Tisch.
Doch als ihm niemand etwas gab,
da verzog er sich.

Schlafenszeit

Der Abend kommt, die Sonn' geht unter,
die Krähen fliegen ins Nest, ihr Haus.
„Ra-raah!", krächzen sie, nicht mehr so munter.
Auch ihr, Kinder, macht das Licht nun aus!
Der Schmetterling faltet müde seine Flügel,
die Vögel verstummen, die Biene fliegt nach Haus.
Die Sonne rollt in ihr Bett hinter dem Hügel.
Auch ihr, Kinder, macht das Licht nun aus!

Der Löwe und das Einhorn

Der Löwe und das Einhorn,
die kämpften um die Kron.
Der Löwe und das Einhorn,
die rauften um den Lohn.
Manche gaben ihnen Kraft
mit Fleisch und süßen Früchten.
Manche wussten keinen Rat,
trommelten und mussten flüchten.

Fischlein, Fischlein

Fischlein, Fischlein, aus dem Bach,
hing an Papas Haken, ach!
Mama briet ihn für uns auch,
nun ist er schon in meinem Bauch.

Hallo, Frau Libelle!

Hallo, Frau Libelle!
Ich fürchte, ihr habt da eine Delle
an eurem Flügel, hinten unten.
Ja, genau, da an dem bunten.

Gustav und sein Schirm

Eines Tages, als Gustav Maus unterwegs war, fing es an zu regnen. Zuerst kamen – plitsch, platsch – nur ein paar Tropfen, doch dann begann es zu schütten. Gustav spannte seinen Schirm auf und lief nach Hause zur alten Eiche.

Er war fast schon dort, da bemerkte Gustav etwas sehr Beunruhigendes. Ein wahrer Sturzbach floss den Hügel hinab, und sein gemütliches trockenes Heim lag auf der anderen Seite. Bevor er noch überlegen konnte, was nun zu tun sei, blies der Wind seinen Schirm ins Wasser.

„Jetzt reicht es!", rief Gustav. „Ich werde einfach meinen Schirm als Boot benutzen!"

Gustav sprang hinein und wurde – Wusch! – hinweggespült. „Oje!", rief er. „Wie kann ich den Schirm nur anhalten?"

Das Wasser riss Gustav mit, bis sein Boot mit einem Rumms anhielt. Gustav musste lachen, denn der Schirm hatte sich in den Wurzeln der alten Eiche verfangen. Er war zu Hause!

„Das hat Spaß gemacht!", quiekte er und kroch aus seinem Boot. „Aber ich glaube, in Zukunft laufe ich lieber wieder."

Ein Zuhause für Bär

Bär wohnte alleine auf einem staubigen Regalbrett im Spielzimmer. Sein Junge war nun groß und hatte keine Zeit mehr für Spielzeug. Eines Tages kam der Junge und staubte ihn ab.

„Ich glaube, es wird Zeit, dass du ein neues Zuhause findest", lächelte er. „Ich werde dich auf dem Schulflohmarkt verkaufen."

Da war Bär sehr aufgeregt. Er konnte es kaum erwarten, ein neues Kind zum Liebhaben zu finden. Auf dem Verkaufstisch setzte er sein freundlichstes Lächeln auf. Doch als ein kleines Mädchen nach der Porzellanpuppe griff, stieß sie ihn um, und er fiel vom Tisch.

Bald war der Flohmarkt vorbei, und der Verkaufstisch wurde weggeräumt. Und niemand bemerkte den armen Bären im Gras.

Es wurde dunkel, und Bär begann zu zittern. Doch er war ein tapferer kleiner Bär und hatte keine Angst im Dunkeln.

Am nächsten Morgen ging die Sonne auf und schien auf die Blumen im Gras. Da lächelte Bär glücklich – ganz besonders, als ein kleines Mädchen vorbeikam.

„Was für ein freundlicher Bär!", lachte sie, als sie ihn sah. Sie hob ihn auf und nahm ihn mit nach Hause. Dort badete sie ihn und band ihm eine Schleife um den Hals. Endlich hatte Bär ein neues Zuhause gefunden.

Fin hat Langeweile

Fin schaute aus dem Fenster und seufzte. Es war zu kalt und windig, um draußen zu spielen.

Er hatte schon mit allen Spielsachen gespielt, sein Lieblingsbuch gelesen, sein Zimmer aufgeräumt und sogar seine Socken sortiert. Jetzt konnte er nur noch aus dem Fenster schauen und zusehen, wie der Wind mit den Blättern spielte.

„Mir ist langweilig", seufzte er. „Hier gibt es nichts mehr zu tun. Darf ich nicht doch rausgehen?"

„Nein!", antwortete sein Papa. „Es kommt ein großer Sturm auf, da solltest du lieber nicht nach draußen gehen. Warum verbringen wir nicht mal ein bisschen Zeit miteinander?"

„Aber drinnen bleiben ist langweilig", nörgelte Fin. „Ich möchte rausgehen und mit meinen Freunden spielen."

„Das geht nun mal nicht", sagte sein Papa bestimmt. „Möchtest du mir nicht beim Backen helfen? Du magst doch so gerne Nusstörtchen."

„Na gut", murmelte Fin, klang aber wenig überzeugt. Er sah seinem Papa zu, wie der die Zutaten in die Schüssel gab, und seufzte müde.

Fin hat Langeweile

„Nun komm!", lächelte sein Papa. „Hilf mir mal beim Kneten."

Er gab Fin den Holzlöffel, und schon bald rührten sie beide kräftig in der Schüssel.

„Brrrrrr!" machte Papa und tat so, als sei er ein Zementmischer.

„Brrrrrr!", fiel Fin ein. Zu seiner großen Überraschung stellte er fest, dass es wirklich Spaß machte.

Nach kurzer Zeit waren die Törtchen so weit, dass sie in den Ofen konnten.

„Nun müssen wir nur eine halbe Stunde warten", sagte Papa.

„Aber das ist ja eine Ewigkeit", beschwerte sich Fin.

„Setz dich hin, und ich erzähle dir eine Geschichte, während wir warten", schlug Papa vor. „Es war einmal …"

Er war mit der Geschichte gerade fertig, da mussten die Törtchen auch schon aus dem Ofen. Kurz darauf fiel Fin über das Gebäck her.

„War das lecker, Papa", sagte Fin und leckte sich die Lippen. „Aber am besten war es, bei dir zu sein. Backen wir morgen wieder?"

Der Tier-Ball

Auf dem Tier-Ball waren mit großem Trara
alle kleinen und großen Tiere da.
Der Pavian kämmte sich im Mondenschein
und flocht sich kleine Perlen ein.
Auf des Elefanten Rücken
rutschte der Affe mit großem Entzücken.
Die Maus auf seinem Rüssel saß
und hatte einen Riesenspaß.

Bunte Tierwelt

Der Hals des Vogel Strauß' ist lang,
damit er sich gut recken kann.
Die Feldmaus macht sich ganz klein,
am Himmel könnte ein Bussard sein.
Die Spinne trägt einen Mantel aus Flaum
und läuft so leise, man hört sie kaum.
Weit breiten die Vögel die Flügel aus
und ziehen in die Welt hinaus.
Wenn dann des Nachts die Eulen fliegen,
die Kinder schon in den Betten liegen.

Flohliebe

In Stute Gabis Mähne, da lebte einst ein Floh,
der flocht ihr jede Strähne und sprach: „Ich lieb dich so!"
Schon kam Hengst Max und flüsterte:
„Komm, Gabi, mach mich froh!"
Da stach der kleine Floh den Max ganz heftig in den Po.

Vier Kätzchen

Vier Kätzchen toben durch unser Haus
und jagen auch draußen nach jeder Maus.
Doch alle vier Kätzchen kommen geschwind,
wenn sie hören, dass wir in der Küche sind.

Hallo, Frau Kuh

Hallo Frau Kuh, wie geht es Ihnen,
darf ich mich an Eurem Euter bedienen?
Frische Milch – so zwei Liter – würd ich gern haben,
dafür dürft Ihr Euch an den Kräutern laben.

Das kalte alte Haus

Ich kenne ein Haus, ein kaltes altes Haus,
ein kaltes altes Haus am Meer.
Wär ich eine Maus in dem kalten alten Haus –
ach, was für eine kalte, kalte Maus ich dann wär!

Der Elefant

Der Elefant, der Elefant,
kommt morgens früh schon angerannt.
Er möchte seine Möhren haben
und dann zum Wassergraben traben.

Auf dem Bauernhof

Der Hahn kräht laut und sitzt auf dem Mist,
der Bulle brüllt „Muh!", weil ihm danach ist.
Unsre Hennen legen jeden Tag Eier,
die Enten schwimmen auf dem Weiher.

Wie Schmetterlinge entstanden

Vor langer Zeit einmal ging Alter Bruder, der Geist der Güte, spazieren. Der Sommer war vorüber, der Himmel war blau, und überall sah er die Farben des Herbstes.

Bald kam Alter Bruder in ein Dorf, in dem die Frauen das Korn mahlten und die Kinder fröhlich miteinander spielten. Er setzte sich sehr zufrieden hin und genoss die herrlichen Herbstfarben und den Klang des Vogelgesangs.

Doch plötzlich wurde Alter Bruder traurig. „Bald wird es Winter sein", dachte er. Die herbstlichen Blätter werden fallen und vergehen, die Blumen werden welken."

Alter Bruder überlegte, ob es einen Weg gäbe, die Herbstfarben zu erhalten, damit alle sie länger genießen konnten.

Alter Bruder trug stets einen Beutel bei sich, wo immer er auch hinging. Nun öffnete er ihn und füllte ihn mit den Farben, die er ringsherum sah.

Er nahm das Gold des Sonnenlichts und das Blau des Himmels. Er sammelte das Schwarz des Haars der Frauen und das Weiß des Mehls. Er nahm das Grün der Kiefernnadeln, das Rot und Gelb der Herbstblätter und das Violett und Orange der Blumen.

Als er alle Farben in seinem Beutel hatte, schüttelte Alter Bruder ihn. Doch dann fiel ihm etwas ein. Er hörte das Singen der Vögel und gab es auch in den Beutel.

Wie Schmetterlinge entstanden

Dann rief Alter Bruder die Kinder zu sich und sagte: „Ich habe eine Überraschung für euch! Seht einmal in diesen Beutel."

Die Kinder öffneten den Beutel, und Hunderte herrlich bunter Schmetterlinge flogen heraus. Die Kinder lachten vor Freude! Da kamen auch die Frauen, um die Schmetterlinge zu sehen, und die Männer, die auf den Feldern gearbeitet hatten. Alle hielten ihre Hände hin, damit die Schmetterlinge auf ihnen landen konnten, und die Schmetterlinge sangen und flatterten umher.

Die Menschen freuten sich, aber die Vögel waren erbost. Ein Vogel ließ sich auf Alter Bruders Schulter nieder.

„Warum hast du den Schmetterlingen unseren Gesang geschenkt?", wollte er wissen. „Jeder von uns hatte seinen besonderen Gesang, aber nun hast du ihn an Geschöpfe verschenkt, die viel schönere Farben haben, als wir."

Daraufhin entschuldigte sich Alter Bruder bei den Vögeln und gab ihnen ihren Gesang zurück. Und nun wisst ihr, wie die Schmetterlinge entstanden und warum sie stumm sind.

Waltrauts großes Ei

Es war Frühling, und die Sonne schien warm auf den Bauernhof am Fluss. Waltraut Ente saß am Ufer und quakte ungeduldig. Jetzt saß sie schon seit Wochen auf ihrem Nest, aber aus ihren sechs Eiern war bisher kein Küken geschlüpft. Waltraut ruckelte, plusterte die Federn auf, wendete ihre Eier und polierte jedes einzelne. Sie liebte ihre Eier, aber langsam fragte sie sich, ob wohl jemals ein Küken schlüpfen würde. Doch plötzlich sah sie in einem Ei einen Riss!

Und aus dem Ei kam ein kleines Küken. Waltraut war entzückt. Bald zeigten auch die anderen Eier Risse, und Waltraud

Waltrauts großes Ei

war umgeben von fünf flauschigen kleinen Entchen. Nun fehlte nur noch das größte Ei.

Waltraut rollte es unter ihren Bauch und wärmte es mit ihren weichsten Federn. Sie wartete und wartete, aber nichts passierte.

„Ach, vergiss doch das eine Ei!", schlug die Kuh vor. „Du hast fünf wunderbare Küken. Das Ei da taugt offensichtlich nichts."

„Nein!", quakte Waltraut und schlang ihre Flügel um das Ei.

„Ich glaube, das Ei ist gar nicht von dir", gluckte die alte Henne, die sich mit Eiern auskannte. „Für ein Entenei ist es viel zu groß."

„Genau", wieherte das Pferd. „Ich habe mal gehört, dass es Vögel gibt, die anderen Vögeln ihre Eier ins Nest legen. Ist das nicht furchtbar?"

Aber Waltraut saß weiter auf ihrem Ei und wartete.

Dann, an einem sonnigen Nachmittag, gab es ein lautes KNACKEN! Waltraut quakte aufgeregt. Alle Tiere des Bauernhofs eilten herbei, um zu sehen, was da schlüpfen würde.

„Ich wette, es ist eine kleine Gans", flüsterte das Huhn.

„Ich glaube, es ist ein kleiner Schwan", wieherte das Pferd.

Alle hielten den Atem an und – plupp – schlüpften zwei kleine Küken aus dem Ei. Es waren Zwillinge! Waltraut quakte stolz. Sie hatte immer gewusst, dass das Ei etwas Besonderes war. Nun hatte sie sieben wundervolle Küken.

„Kommt, meine Kleinen!", rief sie fröhlich, als sie ihre Küken stolz zum Fluss hinunterführte.

Der kleine Bär

Zehn braune Bären sind plötzlich aufgewacht.
Einer hat sich ganz heimlich davongemacht.
Neun schmutzige Bären, die waschen sich im See.
Einer, der ist wasserscheu und wäscht sich nur mit Schnee.

Acht hungrigen Bären knurrt ganz laut der Magen.
Eine schlaue Bärin geht in den Wald zum Jagen.
Sieben leise Bären schleichen auf Zehenspitzen.
So kann ein Bär den Bienenhonig stibitzen.
Sechs wilde Bären siehst du im Schnee hier toben.
Einer versinkt darin – das Schwänzchen zeigt nach oben.
Fünf starke Bären klettern auf einen Hang.
Einer rutscht herunter und macht sich dabei lang.

Der kleine Bär

Vier müde Bären, die legen sich aufs Ohr.
Ein Bärchen purzelt, mal rückwärts und mal vor.
Drei muntere Bären, die schlittern mit Gebraus.
Ein Bär ist müde und ruht sich lieber aus.
Zwei mutige Bären paddeln im reißenden Fluss.
Doch einer weiß nicht, wie er steuern muss.
Zehn erschöpfte Bären, die wolln nach Hause gehn.
Doch einer von ihnen – der bleibt ganz einfach stehn!
Ein Bär ganz allein.
Neun besorgte Bären, die rufen ihren Freund.
Zehn frohe Bären kuscheln sich glücklich ein.
Sie schlafen bis zum Frühjahr beim hellen Sternenschein.

Vom Pinguin, der glitzern wollte

Eines Nachts, als der Mond hell strahlte, bekam Mama Pinguins Ei einen RISS! Er wurde größer, dann erschien ein Kopf, dann zwei Flügel und dann zwei orange Füße. Und dann hüpfte ein kleiner Pinguin heraus. Sie nannten ihn Pips.

„Wie schön das glitzert!", piepste er, als er die funkelnden Sterne am Himmel entdeckte. Dann sah Pips einen seltsamen Fisch im Meer springen – PLATSCH! Er glänzte und schillerte. „Ich möchte auch glitzern!", piepste Pips.

Bald fing es an zu schneien. Pips sah zu, wie die schimmernden Flocken zu Boden fielen. „Wenn ich ein paar fange, kann ich meine Federn damit bestäuben", dachte er. „Dann glitzere ich auch."

Pips versuchte, die Schneeflocken einzufangen, aber sie schmolzen auf seinen Federn. Doch dann fand er eine Schneewehe aus puderigem Schnee, die im Mondlicht glänzte. „Jetzt werde ich glitzern!", rief er und wälzte sich in den Flocken. Aber da verschwand der Mond hinter einer Wolke, und Pips' Federn glitzerten wieder nicht.

„Vielleicht kann ich ja einen der funkelnden Sterne fangen", dachte Pips. Er sprang, so hoch er konnte, aber er konnte sie nicht erreichen.

Vom Pinguin, der glitzern wollte

„Was machst du da, Pips?", fragten die anderen Pinguine.

„Ich versuche, das Glitzern der Sterne einzufangen", erklärte Pips.

Genau in dem Moment schwamm ein freundlicher Wal vorbei. „All das Hüpfen und Springen sieht sehr anstrengend aus!", lachte er. „Warum rutschst du nicht einfach meinen Rücken herunter?"

Alle fanden, das sei eine großartige Idee – auch Pips. Einer nach dem anderen rutschten die Pinguine den langen Rücken des Wals hinunter ins glitzernde Wasser des Meeres. PLATSCH! Pips hüpfte aus dem Wasser und schüttelte seine Federn im Sonnenlicht.

„Sieh doch!", riefen die anderen Pinguine. „Du glitzerst am ganzen Körper!"

„So geht das also mit dem Glitzern!", freute sich Pips und tanzte durch den Schnee. „Man muss nur in der Sonne herumtoben. Kommt! Lasst uns gleich noch einmal rutschen!"

Kasperl Überall

Ich bin der Kasperl Überall,
und nirgends darf ich fehlen.
Die Menschheit wäre nicht komplett,
wär ich nicht auch zu zählen.

Franz Graf Pocci

Anna hatte ein Vögelchen

Anna hatte ein Vögelchen,
das fraß aus einem Trögelchen.
Zart gelb waren seine Federchen,
und es hatte viele Brüderchen.

Er sang die süßesten Liedchen.
Das freute das kleine Mädchen.
Denn die besten Sänger, das waren,
die Vögelchen von den Kanaren.

Das kleine Kätzchen

Ein kleines Kätzchen steht vor der Tür.
Miau, miau, komm lass mich zu dir.

Unser Vöglein

Unser Vöglein schlägt die Flügel,
schlägt die Flügel, schlägt die Flügel.
Unser Vöglein schlägt die Flügel –
fliegt bald auf und davon!

Wie viele Haare

Wie viele Haare hat ein Schwein?
Es werden wohl vierhundert sein.
Kann man daraus 'ne Perücke machen?
Lass es uns versuchen und herzlich lachen!

Der Rattenfänger

Rattenfänger, komm ins Haus
und wirf die Ratten bald hinaus.
Hier tummeln sich zwar auch die Mäuse,
doch die haben nicht so viele Läuse
und spielen mehr im Treppenhaus.
Die Ratten aber holen die Vorräte raus.
Wen stört da schon eine kleine Maus?

Häschen in der Grube

Häschen in der Grube,
saß und schlief, saß und schlief.
Armes Häschen, bist du krank,
dass du nicht mehr hüpfen kannst?
Häschen hüpf! Häschen hüpf!
Häschen hüpf!

Auf einer Wiese

Auf einer Wiese tief im Wald
spielen Käthe, Max und Theobald.
Die Hasenkinder toben umher,
sie tollen und purzeln und freuen sich sehr.
Da hörn sie ein Knacken hinter dem Busch –
verkriecht euch vor dem Fuchs, husch, husch!

Die Kuh

Du freundliche Kuh in rot und weiß,
hörst du mein Herz für dich klopfen?
Für meinen Lieblingsapfelkuchen
krieg ich deine Sahne bis zum letzten Tropfen.

Du wanderst umher, grast hier und dort,
doch ernstlich herumstreunen tust du nicht.
Bist immer an der frischen Luft,
kannst täglich genießen das Sonnenlicht.
Und zerzaust dich auch mal der kalte Wind,
und der Regen durchnässt deine Haut,
dann stehst du, versunken wie ein spielendes Kind,
und ich seh, wie dein Maul Wiesenblumen kaut.

Ein Schildkrötenmann

Ein Schildkrötenmann mit Namen Herr Schmölln,
der lebte einst im Zoo zu Köln.
Am Teich, da stand sein kleines Haus,
im Sommer kam er gern zum Baden heraus.
Sein Pfleger, der hieß Sebastian.
Der fasste ihn aber nicht gerne an.
Denn Herr Schölln war mit dem Maul ganz fix
und schnappte zu in Nullkommanix.
Er schnappte nach allem, das sich bewegte,
den Fischen, dem Frosch, der grad Eier ablegte,
dem Grashalm, der sich im Winde gewiegt,
nur Sebastian, den hat er nie gekriegt.

Das Eichhörnchen

Im Walde tobten Regen und Wind –
schon wieder ein nasskalter Tag!
Da packte ein Bursche mich geschwind
und steckte mich kopfüber in einen Sack.

Er trug mich in die große Stadt,
dort hat eine Frau ihm Geld für mich gegeben.
In einem Käfig, golden und glatt,
verbringe ich nun mein Eichhörnchenleben.

Doch sie gab mir Nüsse und ein Bett –
drum hab ich es seither warm und nett!

Mein Badeschaumtier

Mein Badeschaumtier ist herrlich grün,
mit seinem Panzer recht hübsch anzusehn.
Es ist eine Kröte mit glänzendem Schild.
Sie schwimmt durch meine Wanne ganz wild.
Ein breites Grinsen trägt sie im Gesicht
und schiebt vor sich her eine schäumende Gischt.
Sie paddelt und rattert, man glaubt es kaum,
und baut dem Wasser eine Haube aus Schaum.
Und steig ich hinein, dann beginnt, gib acht,
die herrlichste, größte Schaumballschlacht.

Unterwegs mit Kröterich

„Ratte", sagte Maulwurf eines Morgens, „ich möchte dich um einen Gefallen bitten."

Ratte saß gerade am Flussufer und summte ein Liedchen.

„Aber natürlich, Maulwurf", sagte er. „Also, ich wollte dich fragen, ob wir Herrn Kröterich einen Besuch abstatten könnten. Ich würde ihn liebend gerne kennenlernen."

„Hol das Boot raus, wir paddeln gleich los, mein Freund", antwortete Ratte.

Nachdem Ratte und Maulwurf eine Kurve im Fluss umschippert hatten, lag vor ihnen ein schönes altes Schlösschen.

„Das ist Schloss Krötenhall", sagte Ratte. „Kröterich ist stinkreich." Sie machten das Boot fest und gingen zum Schloss.

„Hurra!", rief Kröterich und schüttelte mit großer Begeisterung die Pfoten seiner Gäste. „Ihr kommt wie gerufen, um mich in einer sehr wichtigen Angelegenheit zu beraten!"

„Geht es schon wieder um Rennruderboote?", fragte Ratte.

„Vergesst die Rennruderboote!", rief Kröterich. „Das habe ich doch schon längst aufgegeben. Jetzt habe ich nämlich das einzig wahre Fahrzeug entdeckt. Kommt mit!"

Er führte seine Besucher in den Hof, wo ein nagelneuer, kunterbunt angemalter Wohnwagen stand.

Unterwegs mit Kröterich

„Das ist es", rief Kröterich, „das wahre Leben! Man ist unterwegs und doch zu Hause."

Maulwurf fand das alles sehr interessant und folgte Kröterich in den Wohnwagen hinein. Ratte hingegen blieb draußen und tat so, als würde ihn das alles überhaupt nicht interessieren.

Der Wohnwagen war vollständig eingerichtet.

„Ich habe an alles gedacht!", rief Kröterich. Er zog eine Schublade auf. „Hier ist alles drin, was wir zum Essen brauchen." Er zog eine andere Schublade auf. „Und hier sind alle möglichen Kleidungsstücke. wir müssen heute noch losfahren."

„Verzeihung", ertönte Rattes Stimme von draußen, „aber habe ich da *wir* gehört?"

„Ihr müsst einfach mitkommen. Ohne euch komme ich auf keinen Fall zurecht", sagte Kröterich.

„Ich komme nicht mit, das steht mal fest", sagte Ratte. „Ich bleibe bei meinem Boot und dem guten alten Fluss. Und Maulwurf bleibt bei mir. Nicht war, Maulwurf?"

„Natürlich", sagte der treue Maulwurf. „Trotzdem …", setzte er vorsichtig an, „… es könnte Spaß machen."

„Wir würden eine Menge Spaß haben!",

Unterwegs mit Kröterich

sagte Kröterich. Und dann schilderte er die Freuden des Reisens im Wohnwagen. Sogar Ratte fand allmählich Gefallen an der Idee. Schließlich stimmten sie zu, Kröterich zu begleiten.

Kröterich führte seine Freunde auf die Koppel, wo sie versuchten, den alten Ackergaul einzufangen. Schließlich schafften sie es, spannten ihn vor den Wagen und fuhren los.

Die drei wechselten sich darin ab, auf dem Kutschbock zu sitzen. Bei Sonnenuntergang hielten sie an, aßen zu Abend und legten sich dann müde in die Schlafkojen.

„Das ist das Leben, was Jungs?", sagte Kröterich und gähnte.

Am nächsten Morgen lenkte Maulwurf den Wohnwagen auf eine breite Straße. Kröterich und Ratte liefen hinterher. Plötzlich hörten sie von Weitem ein leises Brummen. Einen Moment später ertönte ein lautes TÜÜTÜÜT, und mit einem ohrenbetäubenden Knattern schoss ein Automobil an ihnen vorbei.

Das alte Pferd wieherte, brach nach hinten aus und ließ den Wohnwagen in einen Graben stürzen.

Ratte tobte vor Wut. „Verbrecher!", schrie er mit geballten Fäusten. „Schufte, ihr ... ihr ... Straßenrüpel!"

Maulwurf sah sich den Schaden am Wohnwagen an. Die Fenster waren zerbrochen, die Radachsen verbogen, ein Rad fehlte, und die Essensvorräte lagen quer über der Straße verstreut. Und Kröterich saß unbeweglich mitten auf der Straße und starrte dem Automobil hinterher.

Unterwegs mit Kröterich

Ratte schüttelte ihn. „Steh auf, Kröterich!" Aber Kröterich bewegte sich nicht. „Fabelhaft!", murmelte er. „Diese Schnelligkeit. Das ist die wahre Art der Fortbewegung. O Tüütüüt!"

„Was machen wir jetzt bloß mit ihm?", fragte Maulwurf ratlos. „Diese dämliche Kröte!", schnaubte Ratte wütend. „Das kenne ich schon. Uns bleibt nichts übrig, als ihn auf die Beine zu stellen, in die nächste Stadt zu laufen und von dort mit dem Zug nach Hause zu fahren. Sobald wir in der Stadt sind, Maulwurf, gehst du zur Polizei und erstattest Anzeige gegen diesen Rüpel."

„Polizei? Anzeige erstatten?", murmelte Kröterich verträumt. „O Ratte, ich hätte vielleicht nie so ein entzückendes Ding erblickt, wenn du nicht mitgekommen wärst."

Ratte schüttelte den Kopf. Sie machten sich auf in die nächste Stadt und nahmen von dort den nächsten Zug nach Hause.

Endlich wieder zu Hause angekommen, begleiteten sie den immer noch benebelten Kröterich nach Krötenhall und ruderten dann den Fluss hinunter zu Rattes Behausung.

Am nächsten Abend saß Maulwurf am Flussufer und angelte, als Ratte von einem Besuch bei Freunden zurückkam.

„Schon das Neueste gehört?", fragte Maulwurf seinen Freund. „Alle sprechen darüber. Kröterich ist heute Morgen in die Stadt gefahren und hat sich ein großes und sehr teures Automobil bestellt."

Ratte seufzte. Manche Dinge änderten sich eben nie.

Der stolze Hahn

Der stolze Hahn aus Todtnauberg
war eigentlich ein rechter Zwerg.
Doch da er der einzige Hahn am Ort,
verlor man darüber nie ein Wort.

Eselchen, Eselchen

Eselchen, Eselchen, komm geschwind
und trag mir meine Taschen,
dann darfst du, wenn wir zu Hause sind,
auch ein paar Äpfel naschen.

Im Meer

Tief unten im Meer steht ein Wald aus Algen,
in dem sich die kleinen Fische balgen.
Die Muscheln liegen gemütlich im Sand.
Sie sind hier viel lieber als an Land.

Im Mai

Im schönen, sonnigen Monat Mai,
da werden die Schäfchen geboren.
Dann beginnt auf den Weiden die Tollerei,
und selbst Hütehund Fritz hat verloren.

Herr Marienkäfer

Hallo, Herr Marienkäfer,
du bist ein alter Siebenschläfer!
Du lässt die Blattläuse einfach walten
und solltest sie doch in Schach mir halten.

Seht her, ihr Fischchen

Seht her, ihr Fischchen, da im Teich,
ich hab hier Brot, das ist noch weich.
Doch wenn ich es werfe, bitteschön,
dann möchte ich euch auch springen sehn.

Der Schwanz des Fuchses

Es war einmal ein Fuchs, der hörte plötzlich ein lautes Schnappen und spürte starke Schmerzen an seinem Schwanz. Der arme Fuchs war in der Falle eines Jägers gefangen! Er drehte sich um und sah, dass sein Schwanz ganz eingeklemmt war. Wie sehr er auch zerrte, er konnte ihn nicht befreien.

„Hilfe!", rief er. „Aua!", weinte er. „Ohuhohuhooo!", heulte er. Aber niemand kam ihm zu Hilfe.

Also zog und zog der Fuchs weiter mit aller Kraft und konnte sich schließlich befreien, aber als er sich umdrehte, sah er, dass sein Schwanz immer noch in der Falle steckte.

„Was werden nur die anderen Füchse von mir denken, wenn sie das sehen?", fragte er sich.

„Sie werden mich auslachen. Ohne meinen Schwanz werde ich nie mehr aussehen wie ein Fuchs. Das ist wirklich so unglaublich beschämend!"

Tagelang versteckte sich der Fuchs in seinem Bau und kam nur nachts heraus, wenn niemand ihn sah. Dann hatte er eine Idee. Er berief ein Treffen aller Füchse der Umgebung ein.

Die Füchse versammelten sich auf einer Lichtung. Und natürlich fingen sie alle an zu lachen, als sie den Fuchs ohne Schwanz sahen.

Der Schwanz des Fuchses

„Ich habe euch alle hergerufen, um euch von meiner wundervollen Entdeckung zu berichten", verkündete der Fuchs. Er musste seine Stimme erheben, um das Lachen zu übertönen. „Über die Jahre ist mein Schwanz mir lästig geworden. Immer wurde er schmutzig, und wenn es regnete, wurde er nass, und es dauerte zu lange, bis er wieder trocknete. Bei der Jagd machte er mich langsam, und wenn ich schlafen wollte, wusste ich nie, wohin mit ihm. Also habe ich beschlossen, mich von ihm zu trennen. Ich habe meinen Schwanz abgeschnitten, und ich kann euch allen nur empfehlen, meinem Beispiel zu folgen und es mir gleichzutun."

Einer der älteren Füchse erhob sich. „Hätte ich meinen Schwanz verloren, so wie du, würde ich dir wahrscheinlich zustimmen", sagte er. „Aber bis das passiert, behalte ich ihn lieber, und ich bin sicher, die anderen hier denken genauso."

Da standen die anderen Füchse auf, wedelten stolz mit ihren Schwänzen und gingen davon.

Äsops Moral: Lass dich nicht von jemanden überreden, der dich nur auf sein eigenes Niveau herunterziehen will.

Lämmchen auf Irrwegen

Eines Tages graste Lämmchen verträumt vor sich hin, als sein ältester Bruder Fritz zu blöken begann.

„Hast du gesehen, wie grün das Gras auf der anderen Seite der Hecke ist?", rief er. „Es sieht viel saftiger aus."

„Jaaa", stimmte Lämmchens anderer Bruder Hans zu. „Ich hab Hunger. Lasst uns dort drüben essen. Komm mit, Lämmchen."

Lämmchen war nicht sicher, ob es seine geliebte Wiese verlassen sollte. „Aber das Gras hier ist doch köstlich. Es ist das beste Gras der Welt!", rief es, aber Fritz und Hans hörten nicht. Sie drückten sich durch ein Loch in der Hecke und trotteten davon. Lämmchen blieb nichts übrig, als ihnen zu folgen.

Fritz und Hans trabten weiter, hielten ab und zu an, um ein wenig Gras zu kauen, und achteten nicht darauf, wohin sie liefen. Sie folgten ihrer Nase und gingen hin, wo das Gras am süßesten roch.

Lämmchen auf Irrwegen

Zwei Mal waren sie bereits durch Bäche gewatet und hatten sich durch eine weitere dicke Hecke gedrückt. Nichts konnte sie aufhalten. Schließlich, als es schon dunkel wurde, fanden sie einen Ort mit dem saftigsten Gras, das sie je gerochen hatten. Da blieben sie stehen und sahen sich um.

„Wo sind wir?", blökten sie. Aber es war bereits zu dunkel, um etwas zu erkennen.

„Oh nein!", rief Fritz. „Wir haben uns verlaufen!"

„Wie sollen wir je wieder nach Hause finden?", heulte Hans. „Wir werden die Nacht über hier bleiben müssen."

Lämmchen fing an zu weinen. „Ich will nach Hause", weinte es.

Da tat sich eine Lücke in den Wolken auf, und das silbrige Mondlicht schien herab. Lämmchen schaute sich um und sah, dass sie neben einem großen Baum standen.

„Ich kenne diesen Baum", sagte es.

„Und ich kenne das Gebüsch dort drüben", sagte Fritz.

„Wir sind wieder auf unserer Wiese", stimmte Hans ein. „Unsere Nasen haben uns wieder nach Hause geführt."

„Lämmchen hatte die ganze Zeit recht", lachte Fritz. „Das Gras unserer Wiese … ist das beste der Welt!"

„Jaaa", blökte Lämmchen zustimmend. „Gönnen wir uns noch ein Häppchen?"

Was ist das für ein Geräusch?

Löwenkind Leo lebte mit seiner Mutter und seiner Schwester Tia auf einer Grasebene. Klein Leo liebte es, mit Mama und Tia herumzutoben, aber manchmal ging er auch gern ein wenig allein umher. Eines Tages wollte er einen neuen Teil der Ebene

erkunden. Er schlich durchs Gras, bestaunte die hohen Akazienbäume und sagte jedem, dem er begegnete, freundlich „Hallo!".

Er stellte sich gerade einem hübschen Schmetterling vor, als er ein geräuschvolles **Grunzen** hörte, dem ein lautes **Platsch!** folgte. Irgendjemand machte ganz in der Nähe sehr viel Krach.

Der kleine Löwe sprang vor Schreck auf. „Oh!", rief er. „Was war denn das?" Er war so verschreckt, dass er die Pfoten über seinen Kopf zog und so tat, als sei er nicht da. Da durchschnitt

Was ist das für ein Geräusch?

ein fürchterliches Heulen die Luft. Leo hielt sich die Ohren zu und quiekte ängstlich. Noch nie hatte er so ein furchterregendes Geräusch gehört. „Das ist bestimmt ein löwenfressendes Monster", dachte er.

Da kam eine Giraffe vorbei, und sie lief genau auf das fürchterliche Geräusch zu. Klein Leo winkte und versuchte, sie zu warnen, aber sie sah ihn nicht. Sie lief ruhig weiter. Da fiel Leo ein, dass er ja ein mutiger Löwe war, und mutige Löwen haben vor nichts Angst.

„Warte!", rief er tapfer. „Lass mich vorangehen und sehen, was dieses furchtbare Geräusch macht."

Die Giraffe sah ihn erstaunt an – aber Klein Leo schritt mutig voran. Beherzt streckte er den Kopf durch das Gras, stets bereit, jeder Gefahr zu trotzen.

Aber er musste nicht losspringen. Er musste noch nicht einmal brüllen. Stattdessen lachte er. Denn da war gar kein löwenfressendes Monster. Es war Franz Flusspferd, der wild im Wasserloch badete und dabei sang!

Botenbiene

Botenbiene, komm vorbei,
am besten nachmittags um drei.
Bring meiner Liebsten diesen Strauß
geschwind zu ihr direkt nach Haus.
Sag ihr einen lieben Gruß,
und dass ich nach Hamburg muss.
Ich kann es leider nicht verhindern
da sie sonst den Lohn mir mindern.
Doch in zehn Tagen, ganz genau,
da soll sie werden meine Frau.

Badetag am Südpol

Am Südpol ist heut Badetag.
Der ist dort sehr beliebt,
weil es an diesem Feiertag
am Südpol schulfrei gibt.
Die Pinguinkinder treffen sich
dann gegen zehn am Strand
und planschen und vergnügen sich
und rutschen Hand in Hand.
Pinguin-Schwimmmeister Pfiffe
ruft sie dann alle kurz zur Ruh.
Zeigt ihnen schlaue Kniffe,
und so schwimmen sie im Nu.

Die Spinne, der Hase und der Mond

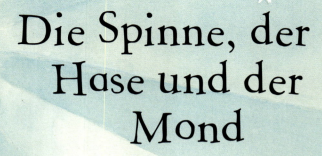

Der Mond war traurig, weil die Menschen auf der Erde Angst vor der Dunkelheit hatten. Er wollte ihnen sagen, dass sie sich nicht fürchten mussten. Aber wie sollte er das tun? Er rief also seine Freundin, die Spinne, zu Hilfe.

„Bitte übermittle den Menschen auf der Erde eine Nachricht von mir", sagte er. „Sag ihnen, dass die Welt immer dunkel sein wird bei Nacht, aber dass sie keine Angst haben müssen. Ich werde da sein, um ihren Weg zu beleuchten."

Als die Spinne auf den Mondstrahlen wieder hinunter zur Erde kletterte, begegnete ihr der Hase.

„Wo willst du denn hin?", fragte der Hase.

„Der Mond hat mich gebeten, den Menschen eine wichtige Nachricht zu überbringen", erklärte die Spinne.

„Aber du bist doch viel zu langsam", sagte der Hase. „Lass mich die Nachricht überbringen. Ich bin viel schneller als

Die Spinne, der Hase und der Mond

du. Wenn der Mond sagt, es sei wichtig, möchte er bestimmt, dass die Nachricht bald ankommt. Sag mir, was ich den Menschen mitteilen soll."

„Nun gut, wahrscheinlich hast du recht", stimmte die Spinne zu. „Richte ihnen aus, der Mond hat gesagt, dass die Welt immer dunkel sein wird …"

„Alles klar", sagte der Hase. „Ausrichten, dass die Welt immer dunkel sein wird."

Und bevor die Spinne den Satz beenden konnte, preschte der Hase davon.

„Warte, warte", rief die Spinne. „Ich bin doch noch nicht fertig!" Aber der Hase war bereits verschwunden.

Die Spinne beschloss, dem Mond zu erzählen, was passiert war. Er würde sich sonst nur wundern, warum die Menschen immer noch Angst vor der Dunkelheit hatten.

In der Zwischenzeit verbreitete der Hase auf der Erde fleißig die Nachricht, dass die Erde immer dunkel sein würde. Als er fertig war, beeilte er sich, dem Mond stolz zu berichten, was er getan hatte.

Natürlich war der Mond wütend. Er war sogar so wütend auf den Hasen, dass er ihn fortschickte und nie wieder mit ihm sprach.

Und die Spinne? Sie versucht immer noch, allen Menschen die richtige Nachricht des Mondes zu überbringen und spinnt daher Netze in unseren Zimmern.

ABC

A B C, die Katze lief im Schnee.
Und als sie dann nach Hause kam,
da hatt' sie weiße Stiefel an.
Ojemine, ojemine!
Die Katze lief im Schnee.

Elster

Die Elster auf dem Zweige hupft,
wipp, wipp!
Hat sich ein Beerlein abgezupft,
knipp, knipp!
Steckt's Köpfchen
dann ins Federkleid
und schlummert
bis zur Morgenzeit.

Wilhelm Busch

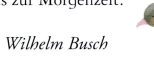

Der verzauberte Himmel

Es waren einmal zwei Eisbärenkinder, die hießen Lina und Poko. In der frostigen arktischen Nacht machten sie sich bereit, ins Bett zu gehen. Draußen war es eiskalt, aber drinnen in der Höhle gemütlich warm. Die Eisbärenkinder kuschelten sich an ihre Mama und schlossen die Augen. Sie waren fast eingeschlafen, als sie draußen ein Geräusch hörten.

„Psst! Lina! Poko!", sagte eine Stimme. Es war ihr Freund Tiki, der Schneehase.

„Kommt schnell raus!", flüsterte Tiki. „Ich muss euch etwas zeigen. Hier passiert etwas ganz Seltsames."

„Was ist hier los?", gähnte Mama Bär müde.

„Da muss Magie im Spiel sein", antwortete Tiki. „Es ist unbeschreiblich. Das müsst ihr euch selber ansehen."

„Ah", lächelte Mama Bär. „Ich glaube, ich weiß, was es ist. Lass uns mal nachsehen."

Die Eisbären krabbelten aus ihrer Höhle und stapften hinaus in den eisigen Schnee. Lina und Poko sahen sich verwundert um.

Der verzauberte Himmel

Alles sah so anders aus. Die Eislandschaft um sie herum schien zu leuchten. „Seht mal hoch", flüsterte Tiki.

Die Eisbärenkinder sahen zum Himmel und rissen erstaunt die Augen auf. Dort passierte tatsächlich etwas sehr Seltsames und Magisches. Einen Moment lang waren sie sprachlos.

„Das ist wunderschön!", brachte Poko schließlich hervor.

„Was ist das?", fragte Lina.

„Das sind die Nordlichter!", sagte Mama Bär.

„Ist das Magie?", fragte Poko aufgeregt.
„Ich liebe Zaubertricks!"

Mama Bär überlegte kurz und lächelte dann. „Ja", sagte sie. „Das ist der Zauber der Natur!"

Zu Pferde

Hopp, hopp, hopp zu Pferde,
wir reiten um die Erde.
Die Sonne reitet hinterdrein,
wie wird sie abends müde sein.

In Oma Olgas Puppenhaus

In Oma Olgas Puppenhaus, da lebte eine kleine Maus.
Und spielte Olga am Klavier, eins und zwei und drei und vier,
war's Mäuschen außer Rand und Band
und spielte für Oma die linke Hand.

Kleines Kälbchen

Ich hatt' ein kleines Kälbchen, muh, muh, muh,
das stand in seinem Ställchen, muh, muh, muh,
und lief manchmal ins Wäldchen – muh, muh, muh!

Übers Land

Übers Land die Häschen hoppeln,
auf der Wiese stehn nur Stoppeln.
Und weil sie grade kurz gemäht,
hab ich die Häschen auch erspäht.

Das Wiesel

Das Wiesel ist ein flinkes Tier
es wieselt dort, es wuselt hier.
Und weil es flink ist und sehr klein,
will es auch nicht gefangen sein.

Unsere Nachbarin

Unsere Nachbarin, Frau Gänseklein,
die wollte mal gen Süden fliegen,
drum hat sie, als der Winter kam,
einfach eine Gans bestiegen.

Die drei kühnen Ziegenböcke

Es lebten einmal drei Ziegenböcke, die waren Brüder. Der eine war groß, hatte einen großen runden Bauch und zwei große, gewaltige Hörner. Der zweite war mittelgroß, hatte einen mittelgroßen Bauch und mittelgroße Hörner. Und dann gab es noch den dritten Ziegenbock. Er war klein, hatte ein winzig kleines Bäuchlein und zwei winzig kleine Hörner.

Alle drei waren sehr mutig und hatten eine tiefe, heldenhafte Stimme. Daher nannte man sie auch die kühnen Ziegenböcke.

Die drei Ziegenböcke lebten auf einem Hügel neben einem rauschenden Fluss. Auf der anderen Flussseite gab es eine Wiese mit herrlich saftigem Klee, ihrem Lieblingsfutter. Doch um auf diese Wiese zu gelangen, mussten sie eine wackelige alte Brücke überqueren. Und unter der Brücke wohnte der gemeinste Troll, den man sich vorstellen konnte. Seine Augen waren feuerrot, und aus seinen Warzen sprossen schwarze, dicke Haare. Seine Zähne troffen vor Schleim, und seine Klauen waren scharf wie Rasiermesser. Er war immer hungrig und seine Lieblingsspeise … ZIEGE!

Die drei kühnen Ziegenböcke

Nur wenige hatten sich je über die Brücke getraut, und von denen hatte man nie wieder etwas gehört. Die drei Ziegenböcke waren zwar mutig, aber nicht dumm. Also hielten sie sich von der Brücke fern und fraßen das Gras auf ihrer Wiese. Doch eines Tages war nur noch trockener Boden übrig.

Da blickten die Ziegenböcke hinüber auf die Wiese mit dem saftigen Klee, und ihre Bäuche knurrten vor Hunger. Irgendwann konnten sie es nicht mehr ertragen und beschlossen, die Brücke trotz der Gefahr zu überqueren.

„Ich habe keine Angst vor dem hässlichen Troll", sagte der kleine Ziegenbock und ging als Erster.

Die Hufe des kleinen Ziegenbocks klapperten auf der Brücke. Er war noch nicht weit gekommen, da hörte er ein fürchterliches Gebrüll, und der Troll sprang hervor.

„Wer trappelt da über meine Brücke?", brüllte der Troll.

„Das bin nur ich, der kleine Ziegenbock", antwortete der kleine Ziegenbock mutig. „Ich bin auf dem Weg hinüber zur Wiese, um den saftigen Klee zu fressen."

„Oh nein, das wirst du nicht tun", brüllte der Troll, „denn ich bin hungrig und werde dich verschlingen!"

„Bitte, tu das nicht", antwortete der kühne kleine Ziegenbock. „Ich bin nur klein und knochig. Mein Bruder wird bald kommen. Er ist viel größer und saftiger als ich. Er ist bestimmt eine viel lohnendere Mahlzeit."

Die drei kühnen Ziegenböcke

Der Troll leckte sich hungrig die Lippen. Er hatte schon ein paar Tage nichts mehr gegessen, beschloss aber, noch etwas warten zu können, wenn sich das Warten lohnte.

„Du siehst wirklich ziemlich mager aus", sagte er nachdenklich. „Vielleicht kann ich noch ein wenig warten. Also verschwinde, bevor ich es mir anders überlege."

Der kleine Ziegenbock schoss über die Brücke und kaute schon bald genüsslich den saftigen Klee auf der Wiese.

Es dauerte nicht lange, da klapperten die Hufe des mittleren Ziegenbocks über die Brücke.

„Wer trappelt da über meine Brücke?", knurrte der Troll.

„Das bin nur ich, der mittlere Ziegenbock", antwortete der mittlere Ziegenbock. „Ich bin auf dem Weg hinüber zur Wiese, um Klee zu fressen."

„Oh nein, das wirst du nicht tun, denn ich werde dich fressen!", knurrte der Troll und riss sein Maul weit auf.

„Bitte, tu das nicht", antwortete der mutige mittlere Ziegenbock. „Wenn du noch ein wenig wartest, kommt mein größerer Bruder über die Brücke. Er hat einen großen dicken Bauch, und du wirst im Handumdrehen satt sein."

Die drei kühnen Ziegenböcke

Der Troll rieb sich gierig seinen riesigen Bauch. Vielleicht war es nicht so dumm, noch ein wenig auf eine noch größere Mahlzeit zu warten.

„Nun gut", sagte er schließlich. „Ich werde auf den großen Ziegenbock warten." Und so ließ er auch den mittleren Ziegenbock ziehen.

Es dauerte nicht lange, da hörte er wieder Hufe klappern. Der große Ziegenbock war auf dem Weg.

„Wer trappelt da über meine Brücke?", heulte der Troll.

„Das bin ich, der größte der drei Ziegenböcke", rief der große Ziegenbock. Und bevor der Troll etwas sagen konnte, senkte er die Hörner und griff an.

RUMMS! – rammte der große Ziegenbock den Troll und warf ihn in die Luft.

PLATSCH! – landete der Troll im Fluss und verschwand.

Da lief auch der große Ziegenbock über die Brücke zu seinen Brüdern, und gemeinsam fraßen sie auf der Wiese den herrlich saftigen Klee.

Und der dumme alte Troll wurde nie wieder gesehen.

Der Frosch auf Reisen

Der Frosch lebte schon so lange am Flussufer, dass er mit allen befreundet war – vom kleinsten Fischlein bis zu den schönen Schwänen. Er konnte sich keinen besseren Platz zum Leben vorstellen. Aber er hatte einen Traum. Er wollte so gern wissen, wohin der Fluss führte. Er stellte sich vor, dass es ein aufregender Ort sei – vielleicht eine große Stadt, ein wilder Dschungel oder ein sonniger Strand.

Daher begann der Frosch eines Winters, ein Boot zu bauen. Er sägte und hämmerte den ganzen Winter lang, und im Frühling war sein Boot fertig.

Nachdem er seinen Freunden zum Abschied gewunken hatte, begann das große Abenteuer. Er war noch nicht weit gerudert, da tauchte ein Kopf aus dem Wasser auf.

„Wo willst du hin?", fragte der Fisch.

„Ich bin auf großer Fahrt, um das Ende des Flusses zu ent-

Der Frosch auf Reisen

decken", erklärte der Frosch. Und genau das erzählte er allen, denen er begegnete.

Den ganzen Tag lang ruderte der Frosch den Fluss entlang und freute sich. Die Sonne schien, und alle Tiere winkten ihm zu. Er kam an weiten Feldern, kleinen Dörfern und großen Städten vorbei. Es gab so viel zu sehen, dass der Frosch kaum merkte, wie weit er schon gekommen war, und es fiel ihm gar nicht ein, eine Pause einzulegen. Er ruderte weiter und weiter, bis das Boot plötzlich mit einem RUMMS! anhielt. Es war auf Grund aufgelaufen. Die Reise war vorüber!

Der Frosch sah sich gespannt um. Welchen fantastischen Ort hatte er wohl gefunden? Aber es erwartete ihn weder eine große Stadt noch ein wilder Dschungel oder ein herrlicher Strand. Er war keineswegs an einem wunderbaren Ort angelangt, sondern in einem kleinen Teich. Es war nicht das, was der Frosch sich erträumt hatte. Aber er war nicht enttäuscht. Er winkte einer freundlichen Meise zu und sagte der neugierigen Biene Hallo. Dann lehnte er sich zurück und lächelte.

„Ich hatte einen wunderbaren Tag", dachte er, „habe viele schöne Dinge gesehen und bin vielen netten Tieren begegnet.

Wahrscheinlich ist es gar nicht wichtig, wohin man reist, sondern viel eher, wie man dorthin gelangt!"

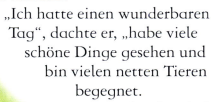

Der ängstliche Löwe

Es war einmal ein Löwe, der hieß Saladin. Er sah aus wie alle anderen Löwen, mit einer gewaltigen Mähne, riesigen Pranken und säbelscharfen Zähnen. Und genau wie bei allen anderen Löwen schallte es durch den ganzen Dschungel, wenn er brüllte. Aber eigentlich war Saladin gar nicht wie die anderen Löwen. Denn er war keineswegs wild und furchterregend – sondern ein eher ängstlicher Löwe. Wenn andere Tiere ihn zum Kampf herausforderten, wedelte er nur mit dem Schwanz und schaute dumm. Selbst die Hunde aus dem nahen Dorf lachten ihn aus.

Daher fühlte sich der arme Saladin einsam. Eines Tages, als er durch den Dschungel lief, passierte etwas Schreckliches. Plötzlich flackerten Flammen im Unterholz auf und schlugen den Baum empor. Eine Herde Elefanten raste vorüber, um sich am Wasserloch in Sicherheit zu bringen. Immer mehr Tiere schlossen sich der panischen Flucht an. Nur Saladin und eine Hündin aus dem Dorf blieben, wo sie waren.
„Hilfe", bellte die Hündin. „Mein Welpe ist dort im Feuer." Saladin zögerte keine Sekunde.

Der ängstliche Löwe

Er brüllte laut und sprang in die Flammen. Sekunden später war er zurück und hielt sanft ein kleines schwarzes Bündel in seinem riesigen Maul. Er legte den Welpen vorsichtig vor seine Mutter und raste zum Wasserloch. Dort blieb er aber nicht lange. Er schlürfte so viel Wasser, wie er konnte, und raste zurück zu den Flammen.

Die anderen Tiere sahen erstaunt zu, wie Saladin das Wasser in die Flammen spuckte. Was tat er da nur?

Plötzlich verstanden die Elefanten. Saladin versuchte, das Feuer zu löschen. Er versuchte tatsächlich, den Dschungel zu retten!

Nun machten es die Elefanten ihm nach und sprühten Wasser aus ihren Rüsseln auf die Flammen. Es dauerte nicht lange, und das Feuer war aus. Dank Saladin waren der Welpe und der Dschungel gerettet.

Da erkannten die anderen Tieren endlich, dass Saladin gar kein ängstlicher Löwe war. Er war sogar ein sehr mutiger Löwe. Nur eben ein mutiger Löwe, der nicht gerne kämpfte!

Mein Taubenhaus

Sie steht weit auf, die kleine Tür
von meinem Taubenhaus,
denn meine Tauben fliegen hier,
sie wollen ein und aus.
Ihr Flug ist hoch, die Landung weich,
sie kreisen überm Gartenteich.
Doch abends, meist so gegen acht,
kehrn sie heim und gurren: Gut Nacht!

Kikeriki!

Kikeriki, kikeriki!
Dieser Tag ist schön wie nie.
Die Sonne scheint, die Bienen summen,
und in den Blumen Hummeln brummen.

Kikeriki, kikeriki!
Diese Nacht war schön wie nie!
Der Mond schien hell, die Nachtigall sang,
die Eule sich durch die Lüfte schwang.

Kikeriki, kikeriki!
Dieses Jahr war schön wie nie!
Das nächste Jahr wird ebenso,
deshalb kräh ich und bin froh.

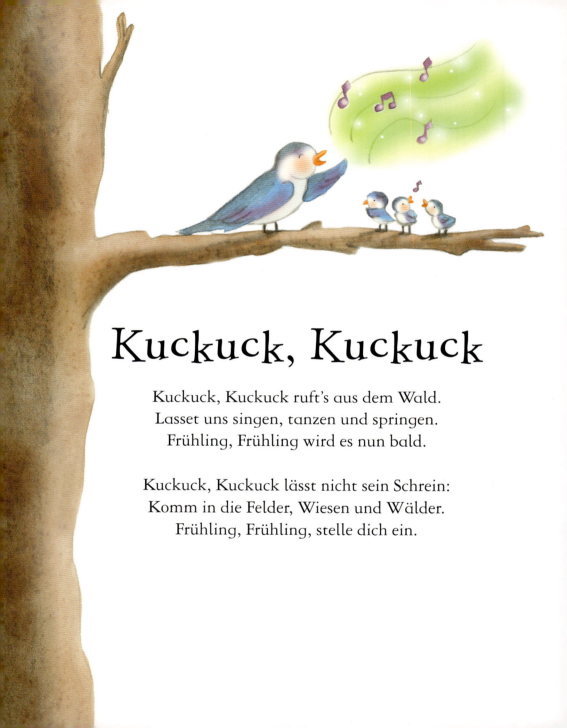

Kuckuck, Kuckuck

Kuckuck, Kuckuck ruft's aus dem Wald.
Lasset uns singen, tanzen und springen.
Frühling, Frühling wird es nun bald.

Kuckuck, Kuckuck lässt nicht sein Schrein:
Komm in die Felder, Wiesen und Wälder.
Frühling, Frühling, stelle dich ein.

Der Pfau

Der Pfau, der Pfau, der weiß es genau.
Er geht ganz grad und schlägt sein Rad.
Er miaut wie 'ne Katze und schläft auf 'ner Matratze
aus Federn in unserem Stall!
Ja, aus Federn in unserem Stall.

Der Pfau, der Pfau, weiß alles genau.
Er stapft gern durch die Suhle der Sau;
die mag das nicht, doch er entwischt
in unseren Stall! In unseren Stall!
Ja genau, in unseren Stall.

Kleiner Drache

Der kleine Drache Dragi sitzt in seiner Höhle und liest ein Buch über einen Mann im Blechanzug, der Drachen bekämpft.

Dragi zittert vor Angst und fühlt sich ganz elend. Plötzlich hört Dragi Stimmen von draußen.

„Oh, nein", denkt er. „Drachenjäger!"

Schnell verkriecht er sich unter seiner Decke.

Draußen kommen Prinzessin Pippa, Prinz Pip und der kleine Baron Boris den Hügel hinaufgelaufen. Boris macht jede Menge Lärm und schwingt sein Holzschwert wild durch die Luft.

„Sollen wir Drachen jagen gehen?", fragt Boris.

„Nein, danke", antworten Pippa und Pip.

„Angsthase, Pfeffernase!", singt Boris.

„Wir sind keine Angsthasen", sagt Pip erbost.

„Was ist denn schon dabei?", fragt Boris großspurig.

„Schaut her!", ruft Boris. „Drachenspuren!"

Sie folgen den Spuren und gelangen an Dragis Höhle.

„Äh, ihr zuerst", sagt Boris. „Ich bewache die Tür."

Pip und Pippa öffnen die Tür und schauen hinein. In der Höhle ist es sehr dunkel und gruselig. Sie sehen, wie ein Licht auf sie zukommt und ein riesiger Schatten in Form eines Drachen.

„Wer ist da?", fragt Pip tapfer. „Ich", antwortet Drache Dragi.

„Wer ist ‚ich'?", fragt Pip.

„Ich bin's", sagt Dragi.

Kleiner Drache

„Bist du ein echter Drache?", fragt Pippa.

„Ich bin der Drache Dragi", stellt Dragi sich vor.

„Du bist aber klein", muss Pippa feststellen.

„Aber ich habe ein großes Herz", sagt Dragi und stellt sich auf die Zehenspitzen, um größer zu wirken.

„Lass uns Freunde sein", schlägt Prinz Pip vor.

Und schon ist es beschlossene Sache.

„Wie wär's mit einem kleinen Imbiss?", fragt Dragi.

„Oh ja, gerne!", freuen sich Pippa und Pip.

Sie setzen sich auf den Boden und Drache Dragi schleppt Berge von Kuchen und Broten heran.

„Mag euer Freund Törtchen?", fragt Dragi.

„Ach, du meinst Boris", sagt Pippa. „Der mag bestimmt Törtchen. Er ist immer hungrig!"

„Hallo!", sagt der kleine Drache.

„Ein Drache!", schreit der Baron Boris und läuft davon.

„Wer ist jetzt der Angsthase?", lacht Pip.

Nun müssen Pip und Pippa nach Hause.

„Können wir auch morgen Freunde sein?", fragt der kleine Drache.

„Nicht nur morgen", meinen Pip und Pippa. „Wir sind Freunde für immer und ewig."

„Jippie!", ruft Dragi. „Freunde!"

Hanna Henne

Hanna Henne war eine kleine braune Henne und lebte mit vielen anderen Tieren auf einem Bauernhof. Jeden Nachmittag machte sie unter der großen alten Eiche ein Schläfchen. Eines Tages, als sie wieder einmal schlief, fiel ihr mit einem lauten Plopp eine große Eichel auf den Kopf.

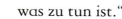

„Aua!", sagte Hanna und rieb sich den Kopf. „Der Himmel fällt herunter! Das muss ich dem König sagen. Er wird wissen, was zu tun ist."

Also machte sich Hanna auf zum König. Unterwegs traf sie Hermann Hahn.

„Wohin gehst du?", fragte er.

„Ich will zum König", antwortete Hanna. „Der Himmel fällt herunter! Er wird wissen, was zu tun ist."

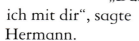

„Dann komme ich mit dir", sagte Hermann.

Also liefen Hanna Henne und Hermann Hahn weiter. Unterwegs trafen sie Erich Ente.

„Wo wollt ihr hin?", wollte er wissen.

Hanna Henne

„Wir wollen zum König", sagte Hanna. „Der Himmel fällt herunter! Er ist ein weiser und gutmütiger Mann und wird wissen, was zu tun ist."

„Dann komme ich mit euch", sagte Erich.

Also liefen Hanna Henne, Hermann Hahn und Erich Ente weiter. Da trafen sie Gerda Gans.

„Wo lauft ihr hin?", fragte sie.

„Wir laufen zum König", antwortete Hanna. „Der Himmel fällt herunter! Er wird wissen, was zu tun ist."

„Dann komme ich mit euch", sagte Gerda.

Also liefen Hanna Henne, Hermann Hahn, Erich Ente und Gerda Gans weiter. Da trafen sie auf Freddy Fuchs, der gerade einen Spaziergang machte.

„Was habt ihr vor?", fragte er.

„Wir wollen zum König", antwortete Hanna. „Der Himmel fällt herunter! Er wird wissen, was zu tun ist."

„Oje!", sagte Freddy mit einem listigen Grinsen und leckte sich die Lippen. „Ich glaube, ihr lauft in die falsche Richtung."

„Wie fürchterlich!", gackerte Hanna und flatterte auf.

Hanna Henne

„Was sollen wir nur tun? Wir müssen den König dringend sprechen!"

„Dann folgt mir!", sagte Freddy durchtrieben. „Ich zeige euch den schnellsten Weg."

So kam es, dass Hanna Henne, Hermann Hahn, Erich Ente und Gerda Gans dem Fuchs auf seinem Weg folgten.

„Wo führst du uns hin?", wollte Hanna Henne wissen. „Ist es noch weit?"

Freddy Fuchs lächelte „Folgt mir nur weiter", sagte er.

Schließlich kamen sie an eine dunkle Höhle in einem Hügel.

„Hier geht es hinein!", sagte Freddy Fuchs und ging voran. „Das ist eine Abkürzung. Ich bin das einzige Wesen, das sie kennt. Wenn ihr hier hindurchgeht, werdet ihr viel schneller beim König sein."

Also folgten Hanna Henne, Hermann Hahn, Erich Ente und Gerda Gans Freddy Fuchs in die Höhle. Aber, oh weh! Es war gar keine Abkürzung. Es war noch
nicht einmal ein geheimer Gang.

Hanna Henne

Es war der Fuchsbau, und der hinterlistige Bursche dachte nur an sein Abendessen.

„**Ich habe Hunger!**", knurrte er. „Und nun werde ich euch alle fressen!"

„Kikeriki! Rennt um euer Leben!", rief Hermann Hahn, als der Fuchs sein Maul weit aufriss.

„Oh, nein!", riefen Hanna Henne, Erich Ente und Gerda Gans und flatterten aufgeregt mit den Flügeln. „Lauft weg! Lauft schnell weg!"

Und genau das taten die dummen Vögel dann auch – so schnell ihre Beine sie trugen. Und sie hörten erst auf zu laufen, als sie wieder zu Hause waren.

Und was wurde aus Hanna Henne? Sie hat dem König nie gesagt, dass der Himmel herunterfiel – und das war auch nicht weiter schlimm.

Eine silberne Spur

Eine silberne Spur hinterlässt die Schnecke mit Haus,
ohne Haus wäre sie nackt – das wäre ein Graus!

Der Wurm

Arabella Kraus von Sturm hatte einen kleinen Wurm,
der kroch dem Onkel durch das Haar,
doch als er bei der Tante war,
schrie diese auf, ganz ungestüm: „Entferne dieses Ungetüm!"
Doch in der Nacht, mit einem „Pling!",
kam heraus ein Schmetterling.

Rundherum im Garten

Rundherum im Garten
tanzt der Teddybär:
Ein Schritt, noch ein Schritt
und einmal hin und her!

Mäh, Lämmchen, mäh

Mäh, Lämmchen, mäh! Das Lämmchen lief im Schnee.
Es stieß sich an ein Steinchen, da tat ihm weh sein Beinchen,
da sagt das Lämmchen: Mäh!

Der Fink

Auf leichten Schwingen frei und flink
zum Lindenwipfel flog der Fink,
Und sang an dieser hohen Stelle
sein Morgenlied so glockenhelle.

Ein kleiner Schwan

Ein kleiner Schwan, der schwamm umher
im riesengroßen Weltenmeer.
In Griechenland war er nicht froh,
drum zog er um nach Mexiko.

Sing für mich

Sing für mich,
du kleines Kind.
Ich weiß nicht,
was ich für dich singen soll!
Singe doch,
die Katze ist toll.
Die Katze, die ist weggelaufen.
Jetzt müssen wir eine neue kaufen.

Schildkröte und Hase

Es war einmal ein Hase, der prahlte ständig damit, wie schnell er laufen konnte. „Ich bin das schnellste Tier im ganzen Wald", sagte er mit vor Stolz geschwellter Brust, während er seine langen Beine dehnte.

Der Hase fragte den Fuchs: „Willst du gegen mich antreten?" und er fragte auch die Ente: „Willst du gegen mich antreten?" Doch die Waldbewohner waren die ewige Angeberei des Hasen gründlich leid und hatten keine Lust, gegen ihn anzutreten. Eines Tages sagte die Schildkröte: „In Ordnung, Hase, ich werde gegen dich antreten."

„Waaaaaaas?", rief der Hase lachend. „Du bist doch das langsamste Tier im Wald. Um dich laufe ich während des Rennens Kreise."

„Du bist vielleicht schnell", antwortete die Schildkröte, „aber Schnelligkeit ist nicht alles."

„Schnelligkeit ist vielleicht nicht alles, aber in einem Rennen ziemlich nützlich", spottete der Hase und fing an zu lachen. So etwas Lächerliches hatte er noch nie gehört.

Am nächsten Morgen sollte das Rennen losgehen.

Natürlich war der Hase viel schneller als die Schildkröte, doch sie folgte langsam und beharrlich.

Als der Hase sah, wie weit die Schildkröte entfernt war, beschloss er, eine Frühstückspause einzulegen. Er knabberte ein paar saftige Möhren und legte sich dann gähnend aufs Ohr.

Schildkröte und Hase

„Das ist keine Herausforderung für mich", verkündete er laut. „Ich werde ein kleines Nickerchen machen und die Schildkröte dann später wieder einholen." Bald hörte man ihn schnarchen.

Die Sonne senkte sich schon, und immer noch kroch die Schildkröte weiter, und immer noch schlief der Hase. Plötzlich wachte der Hase mit einem Ruck auf. Er konnte von Weitem erkennen, wie die Schildkröte langsam auf die Ziellinie zukroch.

„Neeiiiiiin!", schrie der Hase. Er sprang auf und rannte so schnell er konnte zum Ziel. Aber es war zu spät: Die Schildkröte überquerte die Linie vor ihm. Alle Tiere jubelten der Schildkröte zu.

Wenn von diesem Tag an der Hase mal wieder mit seiner Schnelligkeit prahlte, erinnerten die anderen Tiere ihn daran, dass die Schildkröte ihn besiegt hatte.

„Sie hat mit Langsamkeit und Beharrlichkeit das Rennen gewonnen", hieß es.

Und dazu konnte der Hase nur lächeln, denn schließlich hatten sie ohne Zweifel vollkommen recht.

Äsops Moral: Wer beharrlich arbeitet, erreicht sein Ziel.

Schlaf, kleines Kindlein

Schlaf, kleines Kindlein, schlaf ein.
Die Traumpferdchen werden am Himmel bald sein.
Sie ziehen dein Bettchen durch Wolken aus Träumen –
so wirst du keine ihrer Geschichten versäumen.
Drum schlaf, kleines Kindlein, schlaf ein.

Schlaf, kleines Kindlein, schlaf ein.
Dann stellen die Träume sich bald bei dir ein.
Die Traumpferdchen ziehen dich sanft durch die Nacht,
doch sind sie verschwunden, wenn's Kindlein erwacht.
Drum schlaf, kleines Kindlein, schlaf ein.

Fünf kleine Eulen

Fünf kleine Eulen saßen einst im Baum
und hatten alle einen Traum.
Sie flögen über höchste Wipfel
bis hinauf zum großen Gipfel
in einen Wald mit Artgenossen,
in dem die Jäger nie geschossen.
Dort blieben sie, bis sie bei Nacht
vom Mondlicht alle aufgewacht.

Rotkäppchen

Es war einmal ein kleines Mädchen, das lebte mit seiner Mutter am Rande eines tiefen, dunklen Waldes. Alle nannten das Mädchen „Rotkäppchen", weil es stets einen Umhang mit einem leuchtend roten Käppchen trug.

Eines sonnigen Tages sagte die Mutter: „Deine Großmutter liegt krank im Bett. Bring ihr diesen Korb mit Kuchen, Obst und Wein, dann wird es ihr bald besser gehen. Vergiss aber nicht", mahnte die Mutter, „auf dem Weg zu bleiben und mit keinem Fremden zu sprechen."

Nach kurzer Zeit traf das Rotkäppchen auf einen Wolf.

„Guten Tag, meine Kleine", grinste er. „Wo willst du denn hin an diesem schönen Tag?", fragte der Wolf daraufhin. Rotkäppchen antwortete: „Ich besuche meine Großmutter. Sie wohnt auf der anderen Seite des Waldes und liegt krank im Bett."

„Oh wirklich?", heuchelte der listige Wolf und war sogleich verschwunden.

Der Wolf rannte geradewegs durch den tiefen, dunklen Wald und stand schon bald vor dem Haus der Großmutter. Er öffnete die

Rotkäppchen

Tür, sprang schnurstracks zum Bett und verschlang die Großmutter mit einem einzigen Haps. Dann streifte er ihr Nachthemd über, kroch unter die Bettdecke und wartete. Es dauerte nicht lange, bis Rotkäppchen das Haus der Großmutter erreichte.

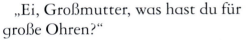

„Großmutter, wo bist du?", rief sie.

„Im Bett, meine Liebe", antwortete der Wolf.

„Ei, Großmutter, was hast du für große Ohren?"

„Damit ich dich besser hören kann", antwortete der Wolf.

„Was hast du für große Augen?", fragte Rotkäppchen.

„Damit ich dich besser sehen kann", sagte der Wolf.

„Und was hast du für große Zähne?", rief Rotkäppchen.

„Damit ich dich besser fressen kann!", knurrte der Wolf, sprang aus dem Bett und verschlang das Rotkäppchen mit einem Haps.

Zufällig kam an diesem Morgen ein Jäger am Haus der Großmutter vorbei und hörte die Schreie eines Mädchens. Der Jäger staunte nicht schlecht, als er durchs Fenster einen Wolf im Bett entdeckte!

Als er den dicken, runden Bauch des Wolfs sah, ahnte er sofort, was geschehen war und schüttelte den Wolf kräftig. Dieser spuckte das Rotkäppchen und die Großmutter unversehrt wieder aus und lief sogleich davon und traute sich nie wieder in den Wald.

Auch das Rotkäppchen machte sich bald auf den Heimweg und lief nach Hause zu seiner Mutter, ohne vom Weg abzukommen.

Der eitle Schwan

Es lebten einmal vier wunderschöne Schwäne auf einem Fluss. Sie waren die besten Freunde und sehr glücklich. Sie waren so anmutig und schön, dass die Menschen anhielten, um sie zu bewundern. Doch eines Tages erblickte Felix, der jüngste Schwan, sein Spiegelbild im Wasser. Es gefiel ihm so gut, dass er damit prahlte, wie schön er sei. „Seht nur, wie fein meine Federn sind", sagte er eitel.

„Von allen Schwänen auf dem Fluss habe ich die weißesten Federn. Ich bin sicher, die Menschen kommen nur her, um mich zu sehen. An gewöhnlichen Schwänen wie euch haben sie kein Interesse."

Zuerst ignorierten die älteren Schwäne ihn. Aber Felix bewunderte weiter sein Spiegelbild und prahlte ständig mit seiner Schönheit. Es dauerte nicht mehr lange, da wurde es den anderen Schwänen zu viel und sie beschlossen, ihm eine Lehre zu erteilen, die er verstand.

„Wenn die Leute nur wegen dir kommen", riefen sie, „ müssen wir ja nicht bleiben. Wir suchen uns einen Ort für gewöhnliche Schwäne." Und so flogen sie davon.

Der eitle Schwan

Zuerst bewunderte Felix weiter sein Spiegelbild und vermisste seine Freunde nicht. Doch schon bald begann er, sich einsam zu fühlen. Er ließ den Kopf hängen und schwamm traurig auf dem Fluss umher.

Die Menschen bemerkten natürlich, dass etwas nicht stimmte. „Wo sind nur die anderen schönen Schwäne?", fragten sie. „Es ist nur noch ein traurig aussehender Schwan übrig."

Nach einigen Tagen begriff Felix, wie dumm er gewesen war. Er wusste, dass er etwas tun musste und erhob sich in die Luft.

Kreuz und quer flog er über das Land und suchte seine Freunde. Endlich sah er drei wunderschöne Schwäne, die auf einem See schwammen. Er näherte sich nur vorsichtig, aus Angst, sie könnten ihn fortjagen.

„Ich habe euch vermisst", erzählte er ihnen. „Es tut mir leid, dass ich so eitel und dumm war."

Und natürlich jagten seine Freunde ihn nicht fort. Sie freuten sich, Felix zu sehen. „Wir haben dich auch vermisst", riefen sie. „Warum bleibst du nicht hier, bei uns gewöhnlichen Schwänen?"

Felix war überglücklich. „Gerne!", antwortete er. „Aber … **ihr seid alles andere als gewöhnlich!**"

Wie wird das Wetter?

Laufen die Kühe über die Wiese im Trab,
dann kommt bald ein Schauer herab.
Und wenn sie rennen und hüpfen und flitzen,
dann gibt es Gewitter mit Hagel und Blitzen.

Der Frosch

Ein kleiner Frosch saß einst im Gras
am Teich im Regen und wurde nass.
Da kam eine Schnecke mit ihrem Haus,
die lachte unser Fröschlein aus:
Nun mach doch nicht so ein trübes Gesicht,
geh ins Wasser, da spürst du den Regen nicht!

Zum Markt, zum Markt

Zum Markt, zum Markt – kauf dir ein Schwein!
Zu Haus, zu Haus lass das Glück herein.
Zum Markt, zum Markt – kauf dir ein Pferd!
Zu Haus wird stets stehn ein Topf auf dem Herd.

Mein Papagei

Mein Papagei mit Namen Salome
trinkt gerne mit an dem Kaffee.
Ob schwarz oder mit Milch ist einerlei;
ich lass ihn gewähren und schmunzle dabei.
Doch will er auch die Pralinen haben,
geht es ihm an seinen Kragen!

Ein Hund namens Ringo

Ein Hund namens Ringo,
der spielte Bingo.
Bingo spielte der Hund,
doch es wurde ihm zu bunt.

Was fressen die Mäuse?

Was mögen die Mäuse wohl fressen?
Ich glaube, sie sind auf Süßes versessen.
Sie lieben aber auch Käse und Toast,
und auch über Erbsen sind sie nicht erbost.
Das wär ja auch wirklich vermessen!

Der Schwanz des Opossums

Vor langer Zeit hatte das Opossum einen prächtigen buschigen Schwanz. Es war so stolz darauf, dass es ihn ständig wusch und bürstete. Und andauernd gab es vor den anderen Tieren damit an, dass es den schönsten Schwanz im ganzen Wald habe.

Eines Tages beschloss das Kaninchen, dem Opossum einen Streich zu spielen, und lud es zum Tanz ein. Das Opossum nahm an. Schließlich konnte es bei so einer Gelegenheit den anderen Tieren wieder einmal seinen beeindruckenden Schwanz vorführen.

„Soll ich die Grille bitten, sich um deinen Schwanz zu kümmern, damit er wirklich erstklassig aussieht?", fragte das Kaninchen. Das Opossum nahm auch dies an. Also kam am nächsten Tag die Grille mit einem Beutel voller Kämme, Scheren und einem Band.

„Es ist eine Ehre für dich, dass du meinen schönen Schwanz pflegen darfst", sagte das eitle Opossum.

„Aber ja", stimmte die Grille zu. „Davon werde ich noch meinen Enkeln erzählen. Ich habe ein Band mitgebracht, das ich um deinen Schwanz wickle, wenn ich ihn gekämmt und geschnitten habe. Dann wird er bis zum Tanz nicht schmutzig."

Das Opossum legte sich hin, und die Grille begann, den langen buschigen Schwanz vorsichtig zu bürsten. Das war so angenehm, dass das Opossum bald einschlief.

Der Schwanz des Opossums

Als es wieder aufwachte, war sein Schwanz sauber mit einem Band umwickelt.

Als das Opossum zum Tanz eintraf, bot das Kaninchen ihm an, das Band zu entfernen.

„Ja, bitte", antwortete das Opossum, begierig, den anderen Tieren seinen schönen Schwanz zu präsentieren. Als das Opossum die Tanzfläche betrat, sah es, dass alle Tiere auf seinen Schwanz zeigten.

„Ja, er ist wunderschön!", lächelte es stolz – bis es über die Musik hinweg Gelächter vernahm. Sie bewunderten seinen Schwanz gar nicht, sie lachten ihn aus!

Das Opossum sah sich um und rang nach Luft. Die Grille hatte alle Haare abgeschnitten, und sein wunderbar buschiger Schwanz war nun nackt wie der einer Echse.

Das Opossum war so beschämt, dass es sich nicht anders zu helfen wusste – es rollte sich auf den Rücken, um seinen hässlichen, nackten Schwanz zu verbergen. Und so hat das Opossum bis heute einen nackten Schwanz. Und wenn es sich erschreckt, rollt es sich auf den Rücken und versteckt seinen Schwanz, so schnell es kann.

Keine Maus zu Haus

Ein Kater, der gern Mäuse haschte,
weil er so gern Mäuse naschte,
lag lange vor dem Mäuseloch
und dachte: Einmal kommt sie doch.
Erst nach zehn Stunden ohne Pause
verstand er: keine Maus zu Hause.

Groschenlied

Ich sing euch ein kleines Groschenlied –
ihr könnt in euren Taschen schon suchen.
Vierundzwanzig Amseln saßen fest,
mitten in einem Kuchen.

Als der König nun davon aß,
begannen die Vögel zu singen.
War das nicht ein regelrechter Spaß,
um den König zum Lachen zu bringen?

Zeit zum Träumen

Sag, wovon träumen wohl die Tiere,
wenn sie schlafen gehn?
Träumen sie, wie du und ich,
wenn am Himmel Sterne stehn?
Träumt der Esel wohl von seinem Karren
und von einem Ballen Heu?

Träumen Schweinemädchen von dem Eber,
der ihnen einst bleibt treu?
Und träumen Kühe im warmen Stall,
wenn sie die Augen schließen,
von grünen Wiesen mit saftigem Klee,
wo auch die Kräuter sprießen?

Zeit zum Träumen

Wie schlafen nur die Schafe ein?
Zählen sie Hunde und Katzen?
Und ist der Kätzchen schönster Traum
ein Wollknäuel, nach dem sie tatzen?

Sag, träumt der Hahn schon nachts um drei,
wie er die Hennen neckt?
Oder vom nächsten lauten Schrei,
mit dem er alle weckt?
Ja, wovon träumen wohl die Tiere,
wenn sie schlafen gehn?
Träumen sie, wie du und ich,
wenn am Himmel Sterne stehn?

Alice und das Kaninchen

Alice saß mit ihrer Schwester am Ufer, als plötzlich etwas Seltsames geschah. Ein weißes Kaninchen mit rosa Augen lief an ihr vorbei.

Das Kaninchen sagte zu sich selbst: „Oh weh, oh weh! Ich werde zu spät kommen!" Es zog seine Uhr aus der Westentasche, sah nach der Zeit und lief dann eilig weiter.

Alice sprang auf und folgte dem Tier in seinen Kaninchenbau. Der Bau führte anfangs wie ein Tunnel geradeaus, doch dann fiel der Gang so plötzlich ab, dass Alice nicht mehr stoppen konnte. Sie fiel hinab, hinab, hinab.

„Ich lande bestimmt am Mittelpunkt der Erde", dachte Alice.

Hinab, hinab, hinab! Sie stürzte weiter. Da landete sie mit einem Mal auf einem Haufen Laub. Vor ihr lag eine lang gestreckte Halle mit vielen Türen.

Am anderen Ende der Halle stand ein dreibeiniger Tisch aus dickem Glas. Es war nichts darauf als ein winziger goldener Schlüssel. Alice probierte ihn an allen Türen, aber keine einzige ließ sich damit öffnen.

Als sie jedoch das zweite Mal herumging, kam sie an einem niedrigen Vorhang vorbei, den sie vorher übersehen hatte. Dahinter befand sich eine sehr kleine Tür. Alice öffnete die Tür, die zu einem wunderschönen Garten führte, doch sie konnte nicht

Alice und das Kaninchen

einmal ihren Kopf durch die Öffnung stecken. Sie ging zum Tisch zurück, auf dem nun eine Flasche stand. Daran war ein Zettel mit der Aufschrift „Trink mich" befestigt. Alice kostete vorsichtig und begann zu schrumpfen. Sie ging zu der kleinen Tür, doch dann bemerkte sie, dass sie den Schlüssel auf dem Tisch vergessen hatte. Sie wusste nicht, was sie tun sollte. Da sah sie einen Kuchen mit einem Zettel, auf dem „Iss mich" stand. Alice aß davon und begann zu wachsen, bis ihr Kopf die Decke berührte. Sie setzte sich auf den Boden und fing an zu weinen. Schon bald hatte sich eine große Lache gebildet. Alice wusste nicht, was sie tun sollte. Da lief plötzlich das weiße Kaninchen an ihr vorüber. Es hatte ein Paar weiße Handschuhe und einen Fächer dabei.

„Ach, bitte, lieber Herr ...", sagte Alice.

Das Kaninchen ließ Handschuhe und Fächer fallen und hastete weiter.

„Wie seltsam heute alles ist", sagte Alice und hob Handschuhe und Fächer auf. „Ich bin gar nicht ich selbst." Sie wedelte sich Luft zu und überlegte, wer sie sein könnte.

Nach einiger Zeit sah Alice auf ihre Hände. Sie war überrascht, denn sie hatte einen Handschuh des Kaninchens übergestreift.

„Ich bin wieder kleiner geworden", dachte sie. Sie begriff, dass es der Fächer war, der sie schrumpfen ließ und warf ihn weg.

Alice rannte zur Tür, doch dann merkte sie, dass der Schlüssel noch auf dem Tisch lag. „Verflixt", sagte sie, „schlimmer kann es nicht mehr werden!" Doch sie irrte sich. Alice rutschte aus und landete im See ihrer Tränen. „Wenn ich doch nicht so viel geweint

Alice und das Kaninchen

hätte!", jammerte sie. Da hörte sie etwas plätschern. Es war eine Maus. "Oh Maus, kennst du den Weg aus diesem See?", fragte sie. Aber die Maus antwortete nicht.

"Vielleicht spricht sie Französisch", dachte Alice. Sie fing wieder an: "Où est ma chatte?", denn das war der erste Satz in ihrem Französischbuch, und er bedeutete: "Wo ist meine Katze?"

Verängstigt hüpfte die Maus aus dem Wasser.

"Oh, bitte verzeih!", rief Alice schnell. "Ich habe ganz vergessen, dass du Katzen nicht magst."

"Würdest du an meiner Stelle Katzen mögen?", schrie die Maus.

"Nun, wahrscheinlich nicht", sagte Alice. "Ich verspreche dir, ich werde nicht mehr über Katzen reden. Magst du Hunde?"

Die Maus schwamm einfach weiter.

"Komm zurück!", rief Alice. "Ich werde keine Katzen oder Hunde mehr erwähnen."

Als die Maus dies hörte, kam sie zurück. "Komm ans Ufer. Dort werde ich dir erklären, warum ich Katzen und Hunde hasse", sagte sie.

Der Teich hatte sich inzwischen mit allerlei Vögeln und Getier gefüllt.

Die ganze Gesellschaft schwamm ans Ufer.

Alle Tiere waren tropfnass. Die erste Frage war, wie sie wieder trocken werden konnten.

Alice und das Kaninchen

„Das beste Mittel, um trocken zu werden, wäre ein Caucus-Rennen", erklärte der Dodo.

„Was ist ein Caucus-Rennen?", fragte Alice.

„Das wirst du sehen", antwortete der Dodo und legte die Rennbahn fest. Alle Tiere verteilten sich irgendwo auf der Bahn. Dann liefen sie los und stoppten wieder, gerade so, wie es ihnen gefiel.

Nach einer halben Stunde etwa waren alle Tiere trocken.

„Und wer hat gewonnen?", fragte die Maus.

„Alle", antwortete der Dodo, „und Alice verteilt die Preise."

Alice fand ein paar Bonbons in ihrer Tasche, die sie austeilte.

„Aber sie muss auch einen Preis bekommen", sagte die Maus.

„Was hast du noch in der Tasche?", fragte der Dodo.

Alice fand noch einen Fingerhut und gab ihn dem Dodo. Der Vogel gab ihn ihr zurück und sagte: „Ich bitte dich, diesen Fingerhut anzunehmen."

Alice nahm ihn mit möglichst feierlichem Gesicht in Empfang.

Dann setzten sich alle Tiere, um die Geschichte der Maus anzuhören. Aber Alice konnte sich kaum konzentrieren.

Verärgert stampfte die Maus davon.

„Ich wünschte, meine Katze Dinah wäre hier", sagte Alice. „Sie würde sie schnell zurückholen." Sie wollte ihren neuen Freunden von ihrer Katze erzählen. Doch das verängstigte die Tiere, und alle rannten fort. Alice war wieder allein.

Dingeldi, dängeldi, du

Dingeldi, dängeldi, du,
der weiße Hengst kriegt neue Schuh,
drum lieber Schmied, schlag kräftig zu,
dingeldi, dängeldi, du.

Higgeldi, piggeldi, pops!

Higgeldi, piggeldi, pops,
Der Esel tritt den Mops.
Die Katze ist in Eile,
der Hund, der macht ihr Beine.
Higgeldi, piggeldi, pops!

Wo ist mein kleiner Hund?

Wo ist mein kleiner Hund nur hin?
Sagt, habt ihr ihn nicht gesehen?
Er hat ein hübsches langes Fell,
und Ohren, die stets im Winde wehen.
Wo kann er nur geblieben sein?
Ich kann es nicht verstehen!

Die Ente und der Erpel

Die Ente und der Erpel,
die wollten einmal Kuchen
und gingen darum den Bäcker besuchen.
Doch der sonnte sich nur im Garten –
da mussten sie auf den Kuchen warten!

Drei weiße Rösser

Drei weiße Rösser auf rotem Berg
und hinter ihnen ein blauer Zwerg,
das ist ein furchtbar buntes Werk.

Tierhochzeit

Die Katze mit der Gerte knallte,
und ein Dudelsack ganz laut erschallte.
Die Mäuse spielten die Geige dazu,
und die Kühe brüllten lauthals Muh.
Der Hahn krähte Stunden auf dem Mist.
Wie schön doch so eine Tierhochzeit ist!

Rama hat Zahnweh

Rama war gewöhnlich ein freundlicher Tiger, aber eines Morgens wachte er laut brüllend auf. Und den ganzen Tag lang hörte er nicht damit auf. Wann immer jemand an seiner Höhle vorbeikam, brüllte er. Wurde er gefragt, warum, brüllte er ebenfalls. Bald gingen alle im Dschungel nur noch auf Zehenspitzen, und keiner traute sich in die Nähe der Höhle. Alle, bis auf die Fledermaus!

„Was ist los?", wollte sie wissen.

„Hau ab!", knurrte Rama.

Die Fledermaus schüttelte den Kopf. „Nein, solange du mir nicht sagst, was los ist, gehe ich nicht!"

„Ich habe Zahnweh!", grollte Rama wütend.

„Dann werden wir den schlechten Zahn eben ziehen müssen", antwortete seine Freundin.

„Oh nein, nur das nicht", donnerte Rama. Und damit auch ja keiner seinen Zahn berührte, streckte er den Kopf aus der Höhle und brüllte so laut, dass der Dschungel erbebte. „Wenn jemand mir zu nahe kommt, beiße ich ihn!", heulte er. Und zum Beweis schlug er die Zähne in den nächsten Baumstamm.

Doch als er zubiss, knackte es in Ramas Maul. Und der entzündete Zahn blieb im Holz stecken!

„Juhu!", rief Rama ganz glücklich. „Ich habe keine Schmerzen mehr." Und die Fledermaus freute sich mit ihm.

Neun braune Wölfe

Neun braune Wölfe haben einst den Wald bewacht,
dem einen war der Wald zu kalt, da waren's nur noch acht.
Acht braune Wölfe, die sind im Wald geblieben,
doch einer trieb es gar zu bunt, da waren's nur noch sieben.
Sieben braune Wölfe trafen auf ein Riesentier,
gleich drei hat es sogleich verputzt, da waren's nur noch vier.
Vier braune Wölfe, die sind mit viel Trara
gemeinsam in die Stadt gezogen, nun ist kein Wolf mehr da.

Hab keine Angst!

„Kleiner Löwe", sagte Papa, „heute Abend gehen wir zusammen auf Entdeckungsreise."

Der kleine Löwe schaute auf zum Abendhimmel. Die Sonne verschwand hinter den Bäumen. Dunkle Schatten lagen auf der Steppe. Als sie aufbrachen, zitterte der kleine Löwe. Plötzlich blieb er stehen.

„Was ist das da oben im Baum?", fragte er. „Zwei große Augen starren mich an!"

„Schau genau hin, kleiner Löwe. Das ist doch bloß die Eule. Hat sie dich erschreckt?", fragte Papa.

„Ach, Papa", lachte der kleine Löwe. „Die Eule macht mir gar keine Angst, solange du nur bei mir bist."

Plötzlich blieb der kleine Löwe stehen. „Was hängt denn da vom Baum herunter? Es hat mich berührt!"

„Schau genau hin, kleiner Löwe. Das ist doch bloß die Schlange. Hat sie dich erschreckt?", fragte Papa.

„Ach, Papa", lachte der kleine Löwe. „Die Schlange macht mir gar keine Angst, solange du nur bei mir bist."

Papa und der kleine Löwe liefen weiter.

Plötzlich blieb der kleine Löwe stehen.

„Was ist das für ein Geräusch hinter dem Baum? Ein riesiger

Hab keine Angst!

schwarzer Schatten verfolgt mich!"

„Schau genau hin, kleiner Löwe. Das ist doch bloß der Elefant. Hat er dich erschreckt?", fragte Papa.

„Ach, Papa", lachte der kleine Löwe. „Der Elefant macht mir gar keine Angst, solange du nur bei mir bist."

„Tröö, tröö", trompetete der Elefant. Papa und der kleine Löwe liefen weiter.

Plötzlich blieb Papa stehen.

„Was ist das?", fragte er.

„Huhuu, huhuu! Ssss, ssss! Trööö, trööö!" Die Tiere stürzten auf Papa zu.

„Hab keine Angst!", lachte der kleine Löwe und schmiegte sich fest an Papas Hals.

„Entschuldige Löwe, haben wir dich erschreckt?", fragten die Tiere. „Ach nein!", lachte Papa. „Ihr macht mir gar keine Angst, solange nur mein kleiner Löwe bei mir ist!"

Gemeinsam gingen der kleine Löwe und Papa nach Hause.

Doktor Fips Schwein

Fips war ein glückliches Schweinchen. Das Leben hätte nicht schöner sein können. „Das mag für dich ja stimmen!", sagte Agathe Huhn, die ihren Schnabel immer in anderer Leute Angelegenheiten steckte. „Aber hier auf dem Bauernhof gibt es viel zu tun, du Faulpelz."

„Ich bin kein Faulpelz", antwortete das Schweinchen. „Ich bin Fips."

„Sei nicht vorlaut", gluckte Agathe und flatterte mit den Flügeln, bis Fips davonlief.

Er setzte sich unter einen Baum und dachte nach. Schlammbäder machten zwar Spaß, aber er wollte auch auf dem Bauernhof helfen. Was also konnte er tun?

Mama Schwein war verwundert. „Wo willst du denn mit all den Sachen hin, Fips?", fragte sie.

„Ich bin nicht Fips, ich bin Doktor Schwein!", antwortete Fips. „Und mein erster Patient wartet schon. Wo liegt denn das Problem, Frau Muh?"

Frau Muh muhte.

„Sagen Sie nicht Muh, sagen sie Ah!", erklärte Fips.

Doktor Fips Schwein

„Aber mein Bein ist doch in Ordnung, Fips", sagte Frau Muh, als Fips ihr einen Verband anlegen wollte.

„Halten Sie doch bitte still!", sagte Fips.

Bei Samson Schaf gab es Schwierigkeiten, das Herz abzuhören. Er wollte einfach nicht aufhören zu kauen.

Die Gänse, Gunda und Gustl, verweigerten ihre Medizin.

Und Hütehund Henk rannte einfach davon … Arzt zu sein war wirklich harte Arbeit. Aber die schwierigsten Patienten waren die Hühner. Sie waren sehr zahlreich, und alle wollten als Erstes an der Reihe sein.

Am Ende des langen Tages freute sich Mama Schwein, ihren Fips wiederzusehen.

„Ich bin zwar ein guter Arzt", sagte Fips. „Aber am liebsten bin ich noch ich selbst."

Das Leben hätte nicht schöner sein können.

Maja verläuft sich

An einem sonnigen Tag nahm Frau Ente ihre Küken zum Schwimmen mit.

„Bleibt immer schön bei mir", warnte sie.

Aber Maja, das kleinste Küken, hörte nicht zu. Es war viel zu sehr damit beschäftigt, Schmetterlinge zu jagen. Maja watschelte hinter einem bunten Schmetterling her, bis er über den Fluss verschwand. Dann sah sie sich um. Sie war weit

weg von zu Hause und hatte diesen Teil des Flusses noch nie gesehen. Aber das machte Maja nichts aus. Es gab ja viele interessante Dinge zu sehen. Sie sah dem Eisvogel zu, wie er nach Fischen tauchte, und den Ottern, die am Flussufer spielten. Am Himmel zog eine Gruppe Schwäne vorüber.

„Quak, quak!", rief Maja. „Das ist ein spannender Ort!"

Sie winkte den Ottern zu, aber die waren zu sehr in ihr Spiel vertieft. Plötzlich vermisste Maja ihre Mutter und ihre Geschwister.

„Ich gehe lieber nach Hause", quakte sie. Doch als sie sich umsah, wusste sie nicht, in welche Richtung sie gehen sollte.

„Oh nein!", rief sie. „Ich habe mich verlaufen." Da setzte sie sich an den Fluss und weinte. Sie weinte schon ein paar Minuten, da begann sich das Wasser vor ihr zu kräuseln. Dann tauchten zwei große, runde Augen und ein grüner Kopf auf. Es war ihr

Maja verläuft sich

Freund, Herbert der Frosch. Maja schluckte und versuchte, ihre Tränen zu verstecken.

„Was ist los?", fragte Herbert sanft.

„Ich habe mich verlaufen", weinte Maja. „Und ich vermisse meine Mama."

„Hab keine Angst", quakte der Frosch. „Hüpf ins Wasser und schwimm mir einfach hinterher. Ich zeige dir den Weg."

So folgte Maja Herbert flussabwärts, bis sie Frau Ente und die anderen Küken fanden.

„Hurra! Ich bin wieder zu Hause!", quiekte Maja, sprang aus dem Wasser und rannte zu ihrer Mutter.

Frau Ente war so glücklich, Maja zu sehen, dass sie ganz zu schimpfen vergaß.

„In Zukunft werde ich immer in deiner Nähe bleiben", versprach ihr Maja.

Tina und Teddy

Teddy war das liebste Spielzeug von Tina Maus. Wo Tina hinging, war auch Teddy. Wenn er da war, hatte Tina vor nichts Angst. Sie hatte keine Angst, im Weizenfeld bis in die Ähren zu klettern oder vor größeren Mäusen oder davor, Purzelbäume zu schlagen.

„Du und Teddy, ihr seid sehr mutig!", sagte Mama Maus, wenn Tina von ihren Abenteuern erzählte.

Eines Nachmittags konnte Tina Teddy nirgends finden, so sehr sie auch suchte.

Da fing Tina an zu weinen: „Mama! Teddy ist weg!"

Mama Maus kam aus ihrem Büro. „Ich bin sicher, er ist hier irgendwo", sagte sie. Hab keine Angst, wir finden ihn schon."

„Aber ohne Teddy habe ich Angst", sagte Tina.

Tina und Mama Maus suchten im ganzen Haus. Dann suchten sie im Weizenfeld und dann unten am Bach. Und da war Teddy! Es saß an einen Baum.

„Wir haben heute Morgen mit Papa den Fischen zugesehen", sagte Tina. „Teddy muss beschlossen haben, noch etwas hierzubleiben."

„Jetzt haben wir ihn ja gefunden", sagte Mama Maus und drückte sie beide fest.

In dieser Nacht konnte Tina

Tina und Teddy

nicht schlafen. Sie lag wach und starrte in die Dunkelheit. Plötzlich machten ihr die Schatten Angst. Sie kroch aus dem Bett und lief zu Mama Maus.

„Ich habe Angst, Mama", sagte sie.

„Aber wenn Teddy bei dir ist, hast du doch nie Angst", sagte Mama Maus.

„Und was ist, wenn ich ihn wieder verliere?", fragte Tina.

Mama Maus lächelte. „Ich verrate dir ein Geheimnis", sagte sie. „Weißt du, was Teddy mir gesagt hat, als wir heute vom Bach gekommen sind? Er meinte, so allein am Bach hätte er ganz schön Angst gehabt. Aber wenn er bei dir ist, fürchtet er sich nie, weil du so mutig bist."

„Also, ich denke immer, Teddy ist mutig", sagte Tina,

„… und er denkt, du bist mutig!", beendete Mama Maus den Satz.

„Vielleicht sind wir ja beide mutig", meinte Tina. „Ich glaube, ich kann jetzt wieder in mein Bett gehen." Sie umarmte Mama Maus, und Mama Maus umarmte Tina und Teddy.

„Gute Nacht, Tina, gute Nacht, Teddy", sagte Mama Maus.

„Gute Nacht, Mama", sagte Tina. „Teddy sagt auch Gute Nacht. Und ich soll dir ausrichten, er hat gar keine Angst mehr."

Naja bleibt kühl

Es war ein brennend heißer Tag, und Naja, die Kobra, wusste nichts mit sich anzufangen.

„Ich muss mir einen kühlen Ort zum Ssschlafen sssuchen", zischte sie. Sie sah sich um und entdeckte einen großen Felsbrocken. „Darunter ist es bessstimmt ssschattig", dachte sie. Aber als sie an den Felsen kam, zischte sie wütend, denn die Sonne schien schon so lange darauf, dass der Stein glühend heiß war.

Naja glitt hinüber zu einem großen Blätterhaufen. „Dann versssstecke ich mich darunter", dachte sie. Aber als sie es versuchte, wurde sie von wütenden Ameisen vertrieben. Inzwischen war Naja so überhitzt und müde, dass sie sich kaum noch bewegen konnte. Da sah sie das Haus …

Langsam glitt sie durch die offene Tür – schoss aber, verfolgt von einer wütenden Frau, blitzschnell wieder zurück.

„Verschwinde", rief die Frau und stupste Naja mit einem Besen. Naja glitt die Stufen hinab und versteckte sich im dunklen Keller.

„Ahh!", seufzte sie. „Hier issst esss herrlich." Da entdeckte sie einen Krug mit kühlem Wasser und schlang ihren Körper darum. „Wundervoll!", zischelte Naja glücklich. Endlich konnte sie in Ruhe schlafen.

Was der Name verrät

Eines Morgens, als der Schneidervogel geschäftig durch den Wald flatterte, kam eine neugierige kleine Manguste vorbei. Sie sah dem fleißigen Vogel zu, wie er alles Mögliche sammelte, und hustete dann, um seine Aufmerksamkeit zu erregen.

„Entschuldige! Warum heißt du Schneidervogel?", fragte sie. „Wenn du mich fragst, müsstest du Fleißiger Vogel heißen."

„Tschiep! Tschiep!", rief der Schneidervogel. „Tut mir leid, ich habe gerade keine Zeit. Du wirst etwas warten müssen."

Also setzte sich die Manguste hin und sah weiter zu. Zuerst stach der Vogel mit seinem Schnabel winzige Löcher in zwei große Blätter. Dann fädelte er Spinnenfäden durch die Löcher und nähte die Blätter zusammen. Zum Schluss polsterte er die Blattwiege mit Wolle aus, um sie warm und gemütlich zu machen. Als der Schneidervogel fertig war, steckte er den Kopf aus dem Nest.

„Fragst du dich immer noch, warum ich Schneidervogel heiße?", piepste er.

Die Manguste lächelte und schüttelte den Kopf „Nein!", lachte sie. „Das ist deutlich zu sehen. Denn du kannst genauso gut nähen wie ein Schneider!"

Ach, liebes Entchen

Ach, liebes Entchen, ich möchte dich fragen,
darf ich ein paar deiner Daunen haben?
Die füll ich dann in mein Kissen hinein,
und schlafe sanft und warm drauf ein.

Der eitle Eber

Herr Eber fand einst hinterm Spaten
einen Sack mit hundert Golddukaten,
erstand einen Frack mit Goldbehang
und stolzierte damit die Dorfstraße lang.

Das Lied vom Monde

Wer hat die schönsten Schäfchen?
Die hat der goldne Mond,
der hinter unsern Bäumen
am Himmel droben wohnt.
Er kommt am späten Abend,
wenn alles schlafen will,
hervor aus seinem Hause
zum Himmel leis und still.

Hoffmann von Fallersleben

Fledermaus

Fledermaus, Fledermaus,
bist ja keine echte Maus,
schläfst falsch herum,
das ist doch dumm!

Hungriger Tiger

Ein hungriger Tiger
liegt still hinterm Baum,
er beobachtet dich,
du merkst es kaum.
Drum, lieber Freund,
so gib gut acht,
sonst wirst du noch
zum Frühstück gemacht.

Lied der Delfine

Der Himmel ist grau, doch wir Delfine springen,
wir toben durchs Wasser, wir hüpfen und singen.
Wir spielen vergnügt in den hohen Wellen
kein Unwetter kann uns den Spaß vergällen.

Mars, das Pony

Es war einmal ein Pony namens Mars. Mit vielen anderen Ponys lebte es in einer Reitschule. Mars war noch zu jung, um geritten zu werden, und so durfte er den ganzen Tag auf der Wiese bleiben, während die anderen Ponys kleinen Kindern das Reiten beibrachten. Mars war sehr glücklich. Er fraß gern Gras, und er sprang über die Hürden, die für die größeren Pferde dastanden. Aber am schönsten fand er es, wenn die Kinder ihn striegelten und streichelten. Mars war sehr zufrieden mit seinem Leben, bis eines Tages einer der Pferdepfleger ihm ein Halfter anlegte.

„Es wird Zeit, dass wir mit dir trainieren", flüsterte er und streichelte ihm sanft die Nase. „Bald können die Kinder auch auf dir reiten."

„Oh, klasse!", dachte Mars. „Geritten werden sieht leicht aus. Ich glaube, das kann ich gut." Aber es kam ganz anders.

Mars, das Pony

Geritten werden war überhaupt nicht einfach. Und er konnte es auch nicht gut. Eigentlich machte es ihm ziemliche Angst, wenn jemand auf seinem Rücken saß. Es brachte ihn aus dem Gleichgewicht. Und die Welt jenseits seiner Wiese war voller erschreckender Dinge, wie laute Traktoren, schreiende Kinder und – am schlimmsten – Plastiktüten, die durch die Luft flogen.

Mars wünschte sich, er müsse nicht geritten werden. Er wollte wieder auf seine Wiese und in Ruhe gelassen werden. Eines Nachts schmiedete er daher einen Plan. Er wollte nie wieder jemanden auf sich reiten lassen. Am nächsten Morgen, als der Pfleger ihn einfangen wollte, legte er die Ohren an, schlug aus und lief weg. Danach schlug und biss er nach jedem, der ihm zu nahe kam. Zuerst gab er sich mit sich selbst zufrieden, aber schon bald fühlte er sich einsam. Er wusste nicht, was er tun sollte. Mars wollte zwar nicht, dass man auf ihm ritt, aber er vermisste es, gestriegelt und gestreichelt zu werden.

Eines Nachts, als Mars auf der Wiese döste, geschah ein Wunder. Ihm erschien ein wunderschönes weißes Pferd. „Hab keine Angst", flüsterte das Pferd.

„Ich bin dein Schutzengel. Ich bin gekommen, um dir zu helfen. Folge mir!"

Mars, das Pony

Das weiße Pferd wirbelte herum und galoppierte in den Himmel. Mars lief hinterher. Sie galoppierten über den Nachthimmel, bis sie zu einer Wiese kamen. „Sieh einmal nach unten", sagte das weiße Pferd freundlich.

Mars sah hinab und bemerkte ein kleines Pony, das vergnügt mit einem Mädchen auf dem Rücken über ein Hindernis sprang. Erstaunt blinzelte und wieherte Mars. Das Pony, das er sah, war er selbst. Aber wer war das Mädchen auf seinem Rücken?

„Das ist Katja", sagte das weiße Pferd, als könne es seine Gedanken lesen. „Sieh nur, wie sanft und freundlich sie ist. Sie würde dir nie wehtun."

Mit weit aufgerissenen Augen sah Mars zu, bis alles vor seinen Augen verschwamm. Und als er blinzelte, fand er sich plötzlich auf seiner Wiese am Reitstall wieder. Das weiße Pferd war verschwunden, und er war wieder allein.

„Wie schade", seufzte Mars. „Ich hab wohl geräumt." Aber er konnte nicht aufhören, an das freundliche kleine Mädchen zu denken.

Am nächsten Morgen – Mars versteckte sich in der hintersten Ecke der Wiese – kam ein kleines Mädchen ans Gatter.

„Hallo, Mars", rief sie und winkte mit einer Karotte. Mars kam aus seinem Versteck. Er traute seinen Augen kaum. Es war Katja, das Mädchen aus seinem Traum!

Mars, das Pony

Katja kletterte über das Gatter und ging langsam und vorsichtig auf Mars zu, um ihn nicht zu erschrecken.

„Na, komm, braver Junge", flüsterte sie. „Ich werde dir nicht wehtun." Dann blieb sie stehen und wartete.

Zuerst bewegte sich Mars keinen Zentimeter. Doch dann überkam ihn doch die Neugierde, und er bewegte sich langsam auf sie zu. Sie blieb weiter still stehen. Da fühlte sich Mars plötzlich mutig. Langsam ging er bis zu Katjas Schulter und senkte den Kopf. Katja streckte ihre Hand langsam vor und streichelte ihn. Dann gab sie ihm die Karotte. Als er sie kaute, streifte Katja ihm sanft ein Halfter über. „Dir passiert nichts", sagte sie sanft.

Von diesem Tag an durfte Katja Mars einfangen. Bald schon ließ er sie auch auf seinem Rücken sitzen. Und als der Sommer zu Ende ging, waren sie die besten Freunde und sprangen zusammen über Hindernisse. Und nun ratet einmal, wer beim nächsten Spingreitturnier des Reitstalls gewonnen hat? Genau, Mars und Katja. Denn mithilfe des weißen Pferdes hatte Mars gelernt zu vertrauen.

Anna-Maria

Klein Anna-Maria bekam nie genug.
Wollte sie Wasser, dann gleich einen Krug.
Wollte sie singen, dann gleich mit 'nem Chor,
und beim Fußball reichte ihr nie nur ein Tor.
Und Reiten auf Pferden – ach, jeder kann das!
Erst auf Richard, dem Kater, macht's richtig Spaß.

Oma Alba

Oma Alba tanzte gern Polka
mit ihrem alten Schweinchen Volker.
Hiddi-hopp, hiddi-hopp, hiddi-hopp!
Ja, unsere Oma tanzte gern Polka
mir ihrem alten Schweinchen Volker.
Hiddi-hopp, hiddi-hopp, hiddi-hopp!

Fröschlein

Ein Fröschlein wollt einst freien gehn
eins von des Königs Töchterlein.
Der Töchter hatte der gar zehn,
doch keine sagte, ich möcht es sein.
Das Fröschlein gab sich ehrlich Müh,
umgarnte sie von spät bis früh,
und blieb doch stets, ja stets allein.

Als erstes

Als erstes im Karren,
als zweites im Wagen,
als drittes auf 'nem Esel,
zuletzt auf 'nem Ferkel.

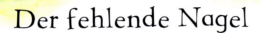

Der fehlende Nagel

Ein Nagel fehlte, da ging das Hufeisen verloren.
Ein Hufeisen fehlte, da ging das Pferd verloren.
Ein Pferd fehlte, da ging der Reiter verloren.
Der Reiter fehlte, da ging die Nachricht verloren.
Die Nachricht fehlte, da fühlte sich der König verloren,
der darauf nervös auf und ab lief und in einen Nagel trat.

Das Lämmchen

Ein Lämmchen blökte laut vor sich hin,
weshalb ich schnell herbeigelaufen bin.
Ich fragte: „Suchst du vielleicht die Mama?"
Zur Antwort bekam ich ein lautes „Bah!"
Wir suchten und fanden die Mama im Klee.
Da hüpfte es freudig – mir auf den Zeh!

Die Maus und das Wiesel

Eines Tages fand eine hungrige Maus in einer Scheune ein Fass voller Weizen. Oben auf dem Fass lag ein Deckel, und auf den hatte der Bauer einen Stein gelegt, um Ratten und Mäuse fernzuhalten. Aber die Maus verhungerte fast und war fest entschlossen, an den Weizen zu kommen.

Die Maus untersuchte das Fass **wieder und wieder** von allen Seiten, bis sie einen kleinen Spalt gefunden hatte. Normalerweise hätte sie nie durch diesen schmalen Spalt gepasst, aber da sie inzwischen so mager war, konnte sie sich hindurchzwängen.

Die Maus war dermaßen hungrig, dass sie fraß und fraß und fraß. Und dann fraß sie noch ein wenig mehr. Endlich war sie satt und grub sich wieder durch den Weizen bis zu dem schmalen Spalt.

Aber plötzlich sah der Spalt sehr, sehr schmal aus – und die Maus fühlte sich sehr, sehr dick! Und in der Tat war ihr Bauch nun drei Mal so dick wie zuvor.

Die Maus drückte ihren Kopf durch das Loch und wand sich hin und her. Doch es half nichts. Sie kam einfach nicht hin-

Die Maus und das Wiesel

durch. Also versuchte sie, ihren Kopf wieder zurückzuziehen. Aber nun steckte ihr Kopf fest, und sie konnte weder vor noch zurück.

Da kam ein Wiesel vorbeigelaufen. Es sah den Kopf der Maus aus dem Fass herausschauen und erriet sofort, was passiert war.

„Ich weiß genau, was du getan hast", lachte das Wiesel. „Du hast dich mit Weizen so vollgestopft, dass du nun festsitzt. Das ist deine eigene Schuld. Ich fürchte, ich habe kein Mitleid mit dir! Du wirst einfach warten müssen, bis du wieder dünn genug bist, um dich zu befreien. Und genau das musste die gierige kleine Maus dann auch tun.

Äsops Moral: Gier führt oft ins Unglück.

Das neugierige Kätzchen

Flöckchen war eine kleine Katze. Eines Tages sah sie, wie Mama Ente ihre Küken über den Hof führte. Es sah so lustig aus, wie sie hinterherwatschelten, dass Flöckchen beschloss, mitzumachen.

„Wie mag es wohl sein, eine Ente zu sein?", fragte sie sich. Sie wackelte also hinter den Küken her und versuchte zu quaken – aber heraus kam nur ein seltsames „Miek!".

Flöckchen sah zu, wie die Küken am Flussufer Gras knabberten. Sie probierte es auch, musste davon aber husten. Dann beobachtete sie, wie die Küken ihrer Mama ins Wasser folgten.

„Das sieht einfach aus", dachte sie und sprang – PLATSCH! – hinterher. Da musste Flöckchen feststellen, dass Schwimmen doch nicht so einfach ist.

„Hilfe!", prustete sie und versuchte, ihren Kopf über Wasser zu halten.

Glücklicherweise war Taro, der Hütehund, gerade in der Nähe. Er sprang ins Wasser und zog sie heraus, bevor ihr etwas passieren konnte.

Als Flöckchen sich etwas erholt hatte, kroch sie nach Hause und rollte sich vor dem Kaminfeuer zusammen.

„Ich glaube, ich bin viel lieber ein Kätzchen als eine Ente", schnurrte sie.

Der schüchterne Krake

Harry war ein sehr schüchterner Krake und lebte in einer ruhigen Ecke des Korallenriffs. Er ging nur selten aus, und wenn ihm jemand begegnete, drückte er sich in den nächsten Spalt und versteckte sich – mit seinem beweglichen Körper passte er überall hinein.

Eines Tages hörte Harry jemanden rufen.

„Hilfe!", rief eine Stimme. „Ich bin es, die Krabbe! Ich bin in einen tiefen Spalt gefallen und kann nicht mehr heraus."

Harry spähte aus seinem Versteck und sah, wie die anderen Meeresbewohner versuchten, ihre Freundin zu retten.

Erst versuchte der Anglerfisch, sich in den Spalt zu zwängen, dann der Aal und zum Schluss das Seepferdchen. Aber es half nichts. Sie alle waren viel zu groß. Harry wusste, er musste helfen, also hüstelte er schüchtern.

„Darf ich?", fragte er. Und zu aller Überraschung zwängte er sich in den Spalt und nutzte einen seiner langen Fangarme, um die kleine Krabbe zu befreien. Alle applaudierten.

„Mein Retter!" seufzte die kleine Krabbe und lächelte Harry glücklich an.

Harry wurde rot, fühlte sich aber gut. Vielleicht war es doch gar nicht so schwer, Freunde zu finden.

Mina, die Milanin

Es war eine dunkle, stürmische Nacht, und Mina, die Milanin, gehörte zu den wenigen Tieren, die sich hinaustrauten. Sie hatte ein Küken zu ernähren und verließ ihr Nest auf dem Berggipfel, um zu jagen. Endlich gelang es ihr, eine saftige Maus zu erwischen, und sie machte sich auf den Heimweg. Mit ihren kräftigen Schwingen kämpfte sie gegen den Wind an. Er blies so stark, dass sie nur langsam vorwärtskam. Der Morgen graute schon fast, als sie ihr Nest erblickte und sich herabschwang.

„Kraak!" rief sie, aber ihr Nest war leer! Wo war nur ihr Küken? Mina flatterte aufgeregt. Was sollte sie nur tun? Da hatte sie eine Idee. Sie breitete ihre Flügel aus und stieg hoch auf. In der Luft stehend suchte sie mit ihren scharfen Augen den Boden ab. Nach kurzer Zeit erspähte sie weit unten eine Bewegung und stürzte herab. Sie krächzte vor Freude. Da saß ihr kleines Küken sicher auf einem Felsüberhang.

„Es geht mir gut", piepste das Küken. „Ich bin nur aus dem Nest gehüpft, weil es im Wind so geschaukelt hat."

„Ich glaube, es wird Zeit, dass du fliegen lernst", lächelte Mina.

Ein neuer See für Otter

So lange er denken konnte, lebte Otter in einer Auffangstation. Eines Tages kam sein Pfleger, hob ihn aus seinem Gehege und setzte ihn in eine Kiste. Otter hatte Angst und konnte sich nicht bewegen. Als der Deckel sich schloss und alles dunkel wurde, rollte er sich ein und zitterte vor Angst.

„Was passiert mit mir?", fragte er sich.

Er fühlte, wie er getragen und dann abgesetzt wurde. Dann schlug eine Tür zu, und ein Motor heulte auf. Der Motor brummte, während Otter in der Kiste hin und her schwankte. Endlich verstummte der Motor, und die Tür wurde geöffnet.

Otters Kiste wurde angehoben und auf den Boden gesetzt. Als der Deckel aufgemacht wurde, strömte Sonnenlicht herein. Otter blinzelte und schnupperte. Er sah sich genau um, bevor er herauskam. Doch dann platzte er fast vor Freude. Vor ihm lag ein wunderbarer Waldsee, der in der Sonne glitzerte.

„Willkommen zu Hause!", lächelte sein Pfleger. Mit einem großen PLATSCH! sprang Otter ins Wasser und jagte einem Fisch hinterher. Er war frei!

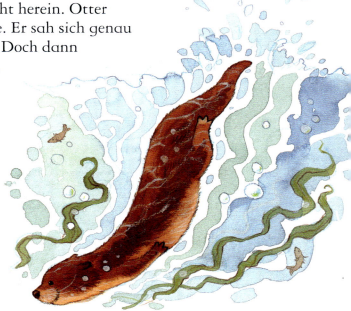

Rikki-Tikki-Tavi

Rikki-Tikki-Tavi war ein kleiner Mungo; mit seinem Pelz und seinem buschigen Schwanz sah er beinahe aus wie eine Katze, aber sein Verstand war der eines Wiesels. Sein Schlachtruf lautete: „Rikki-tikk-tikk-tikki-tschikk!"

Eines Tages schwoll der Fluss im Dschungel, an dem Rikki-Tikki-Tavi mit seinen Eltern lebte, mächtig an. Das schäumende Wasser riss den armen Rikki mit sich fort. Er klammerte sich an einem Grasbüschel fest, bis ihm die Sinne vergingen.

Als er wieder aufwachte, lag er mitten auf einem Gartenweg. Ein kleiner Junge, der neben ihm stand, rief: „Mutter, hier liegt ein toter Mungo!"

„Nein, er ist nicht tot!", antwortete die Mutter. „Bring ihn ins Haus. Das arme Tier ist völlig erschöpft."

Der Junge hieß Harry, und die erste Nacht verbrachte Rikki auf seinem Kopfkissen.

Am nächsten Tag erkundete Rikki den Garten. Er war noch nicht weit gekommen, als er plötzlich ein lautes Klagen hörte – es stammte von Darzee, dem Webervogel, und seiner Frau.

Rikki-Tikki-Tavi

„Was habt ihr denn?", fragte Rikki.

„Eins unserer Jungen ist gestern aus dem Nest gefallen, und Nag hat es gefressen!", sagte Darzee.

„Das ist wirklich schrecklich. Wer ist denn Nag?", fragte Rikki.

Noch bevor Darzee antworten konnte, erklang ein lautes Zischen. Eine schwarze Kobra kroch herbei. „Ich bin Nag", zischte sie. „Du solltest dich fürchten!"

„Achtung, hinter dir!", rief Darzee.

Dicht hinter ihm fuhr Nagainas Kopf hervor – sie war Nags Frau.

Doch die beiden Schlangen verschwanden wieder im Gras.

An diesem Abend nahm Harry Rikki wieder zu sich ins Bett. Aber sobald Harry eingeschlafen war, machte sich Rikki auf zu einem nächtlichen Rundgang. Das ganze Haus lag in tiefstem Schweigen, doch dann vernahm er ein ganz leises Geräusch. Vor dem Badezimmerfenster hörte er, wie sich Nag und Nagaina flüsternd unterhielten.

„Wenn alle Menschen weg sind", sagte Nagaina, „dann gehört das Anwesen wieder uns allein. Beiß den großen Mann zuerst."

„Dann sind wir König und Königin! Außerdem brauchen unsere Jungen, wenn sie schlüpfen, Platz und Ruhe!", zischte Nagaina.

Rikki versteckte sich, als die riesige Kobra ins Badezimmer kroch. Er beobachtete, wie sich die Schlange zusammenrollte, um auf Harrys Vater zu warten. Rikki wartete, bis Nag eingeschlafen war,

Rikki-Tikki-Tavi

dann griff er an. Er schlug seine scharfen Zähne in den Kopf der Kobra.

Plötzlich krachte ein Schuss, und Nag war tot. Harrys Vater hatte den Lärm gehört und die Schlange erschossen. „Rikki hat unser Leben gerettet", sagte er.

Aber Rikki war immer noch besorgt. „Nun werde ich mit Nagaina kämpfen müssen", dachte er. Er rannte in den Garten, wo er Darzee begegnete, der laut sang. „Wo ist Nagaina?", fragte Rikki.

„Am Komposthaufen, bei dem Körper ihres Gatten Nag", antwortete Darzee.

„Weißt du, wo sie ihre Eier versteckt hat?", fragte Rikki weiter.

„Im Melonenbeet", antwortete Darzee. „Du willst dich doch nicht an ihren Eiern vergreifen?"

„Wenn du Nagaina ablenkst, wirst du sehen, was ich vorhabe."

Darzee wusste, dass Nagainas Kinder aus Eiern geboren wurden, so wie seine eigenen. Es schien ihm nicht anständig, sie zu töten. Aber seine Frau flog aus dem Nest und machte Nagaina auf sich aufmerksam.

„Oh, mein Flügel ist gebrochen!", piepste sie kläglich und flatterte herum.

Sobald die Schlange abgelenkt war, stürmte Rikki zum Nest der Kobra und begann, die Eier zu zerbeißen. Rikki hatte gerade das letzte Ei ins Maul genommen, als Darzees Frau schrie:

„Rikki! Schnell! Nagaina ist auf der Veranda … Sie will die Menschen töten!"

Rikki rannte so schnell er konnte zur Veranda. Dort saßen Harry und seine Mutter, völlig reglos vor Schreck.

Rikki-Tikki-Tavi

Nagaina hatte sich neben Harry eingerollt, bereit zum Zustoßen.

„Ruhig, Harry. Du darfst dich nicht rühren", flüsterte die Mutter.

Da schrie Rikki: „Dreh dich um, Nagaina – und kämpf um dein Leben!"

„Alles zu seiner Zeit!", antwortete die Schlange, ohne Harry aus den Augen zu lassen.

„Sieh dir dieses Ei an", rief Rikki. „Es ist dein allerletztes. Die anderen habe ich zerbissen!"

Nagaina entrollte sich blitzschnell und vergaß alles andere. Harrys Mutter zog ihren Sohn sofort in Sicherheit.

„Gib mir das Ei! Ich verspreche dir dafür, fortzugehen und niemals wiederzukommen!", sagte Nagaina.

Doch Rikki wusste, dass sie log. Nagaina stieß vor, aber Rikki wich ihr aus. Immer wieder stürzte sie sich auf den Mungo. Dabei vergaß Rikki das Ei.

Nagaina schnappte sich das Ei und floh. Rikki folgte ihr in einen Rattenbau. Als seine Freunde schon das Schlimmste befürchteten, sprang er aus der Höhle heraus. „Es ist vorbei!", sagte er erleichtert.

Dies war das letzte Mal, dass eine Kobra es gewagt hatte, Rikkis Garten zu betreten.

Ins Nest

Abends legen die Vöglein sich zur Ruh
und decken sich mit ihren Flügeln zu.
Mama Vogel, wie ihre Küken klein,
ist müde und kriecht ins Nest hinein.
Wenn droben am Himmel die Sterne stehn.
müssen Vöglein wie Kinder schlafen gehn.

Herr Schmied

Herr Schmied, wollt ihr mir euer Können beweisen
Mein Pferdchen, das braucht ein paar neue Eisen.
Aber ja, mein Herr, und ob ich das kann,
so gut wie jeder andere Mann.
Hier ein Nagel, da ein Schlag, das will ich wagen,
und schon ist euer Pferdchen neu beschlagen.

Eichhorn Fritze

Das kleine Eichhorn namens Fritze
klettert – schwupp – bis in des Baumes Spitze.
Es wirbelt und wittert und findet etwas,
und – schwupp – ist es wieder unten im Gras.
Dann knabbert es auf von der Nuss die Schale
und setzt sich gemütlich hin zum Mahle.

Ein Jäger aus Kurpfalz

Ein Jäger aus Kurpfalz,
der reitet durch den grünen Wald,
er schießt das Wild daher,
gleich wie es ihm gefällt.
Ju ja, ju ja! Gar lustig ist die Jägerei
allhier auf grüner Heid.

Kleines schwarzes Hündchen

Kleines schwarzes Hündchen Peter,
du bist ein arger Schwerenöter,
jagst den Hahn aus seinem Stall,
bringst das arme Schwein zu Fall,
kneifst den Bullen, bis er brüllt.
Ist denn dein Spieltrieb nie gestillt?

Meisenglück

Aus dem goldnen Morgenqualm
sich herniederschwingend,
hüpft die Meise auf den Halm –
aber noch nicht singend!

Friedrich Güll

Der Spaziergang

Die Bienchen summen, die Vögel zwitschern, die Büsche quietschen ... „Was ist denn das?", wundert sich Dragi.

Hinter dem Busch liegt ein umgekippter Handwagen.

Der Drache holt seine Freunde Prinz Pip und Prinzessin Pippa. Sie tragen ein Stück Wäscheleine.

„Was macht ihr denn da?", kräht der kleine Baron Boris.

„Wir retten das Quietscheding", antwortet Pippa.

„Lasst mich machen", mischt Boris sich ein.

Jeder hilft mit, auch Boris, und schon haben sie den Handwagen aus dem Gebüsch hoch auf den Weg gezogen.

Sie ziehen den Wagen den Hügel hinauf bis in Dragis Höhle. Dort schrubben sie ihn gründlich ab. Pip richtet die vier quietschenden Räder. Pippa malt ihn an, und zum Schluss geben sie Öl an die Räder.

Der Spaziergang

„Oh, Dragi", sagt Pippa. „Ich wünschte, ich hätte auch so einen hübschen Wagen wie du."

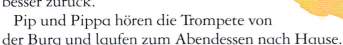

„Aber er gehört mir ja gar nicht", sagt Dragi traurig. „Ich bringe ihn besser zurück."

Pip und Pippa hören die Trompete von der Burg und laufen zum Abendessen nach Hause.

Zum Ausruhen setzt Dragi sich in den Wagen. Doch was ist das? Der Wagen beginnt zu rollen.

Der Wagen lenkt von allein um die Kurven. Wie von Zauberhand! Jippie! Eine tolle Fahrt!

Der Wagen rollt sacht an der Stelle aus, wo Drache Dragi ihn gefunden hat. Traurig verabschiedet er sich vom Wagen.

Müde stapft Dragi den Hügel hinauf. Er ist noch nicht weit gekommen, da hört er plötzlich hinter sich ein Geräusch …

„Quietsch!"

Der Wagen ist direkt hinter ihm!

„Folgst du mir?", fragt Dragi.

„Quietsch!", macht der Zauberwagen.

„Willst du nicht hierbleiben?", fragt Dragi.

„Quietsch!", macht der Zauberwagen.

„Möchtest du gern mit zu mir kommen?", fragt Dragi.

„Quietsch, quietsch, quietsch, quietsch!", macht der Zauberwagen. Und das bedeutet: „Oh ja!"

Drache Dragi ist nun sehr müde.

Und der steile Weg bis zur Höhle ist furchtbar anstrengend. Deshalb fährt der Zauberwagen Dragi nach Hause … ins Bett.

Bleibt auf dem Pfad

Es waren einmal zwei kleine Tigerzwillinge, die hießen Tima und Tarus. Sie lebten mit ihrer Mutter am Rande des Dschungels. Eines Tages fragte Tima ihre Mutter, ob sie allein hinunter zum Wasserloch gehen dürften.

„Ja, das dürft ihr", sagte Mama Tiger. „Aber bleibt immer schön auf dem Pfad."

Also liefen Tima und Tarus direkt zum Wasserloch und stürzten sich ins Wasser. Als sie vergnügt herumplanschten, hörten sie plötzlich ein Zischeln im Unterholz.

„He, da ist eine Schlange", rief Tarus. „Lass uns auf Schlangenjagd gehen."

„Au ja!", rief Tima und sprang aus dem Wasser. Und ohne noch an die warnenden Worte ihrer Mutter zu denken, liefen die zwei Tigerkinder tief in den Dschungel. Sie liefen, bis sie außer Atem waren.

„Ich glaube, wir werden diese Schlange nie finden!", lachte Tima.

„Nein", stimmte Tarus zu. „Ich bin hungrig und müde. Lass uns nach Hause gehen."

Aber als sich die Tigerkinder umsahen, merkten sie, dass sie sich verlaufen hatten.

„Oh, nein!", weinte Tima. „Wir werden den Pfad nie wiederfinden."

Bleibt auf dem Pfad

„Wir hätten auf Mama hören sollen", weinte Tarus. Die beiden Tigerkinder kuschelten sich aneinander und zitterten vor Angst. Sie hatten schon viele Geschichten über die Gefahren gehört, die im Dschungel lauerten. Plötzlich bemerkte Tarus etwas.

„Sieh nur!", rief er. „Wir haben Pfotenspuren hinterlassen. Wir müssen ihnen nur folgen, dann finden wir zurück zum Wasserloch."

„Und dann finden wir auch den Pfad, der nach Hause führt", rief Tima.

Also folgten die beiden vorsichtig ihren Pfotenspuren zurück bis zum Wasserloch. Und dann liefen sie auf dem Pfad nach Hause. Sie blieben noch nicht einmal stehen, als sie etwas im hohlen Baumstamm herumkrabbeln hörten.

Sie waren so glücklich, als sie ihre Mama sahen, dass sie auf sie zusprangen und sie ganz fest umarmten.

„Hallo, wofür ist das denn?", wollte Mama Tiger wissen.

„Weil wir dich lieb haben", sagte Tima.

„Und weil du furchtbar weise bist", fügte Tarus hinzu.

Von da an taten Tima und Tarus immer, was ihre Mutter ihnen sagte – oder zumindest meistens.

Die stille Schlange

Lasst mich ein Lied von der Schlange singen:
Sie kann weder hüpfen noch rennen noch springen.
Sie hat weder Arm noch Fuß noch Hand.
Ganz still schlängelt sie sich durch den Sand.

Der Kuckuck und der Esel

Der Kuckuck und der Esel, die hatten einen Streit.
Wer wohl am besten sänge, zur schönen Maienzeit.
Der Kuckuck sprach: „Das kann ich!"
und fing gleich an zu schrein.
„Ich aber kann es besser!", fiel gleich der Esel ein.
Das klang so schön und lieblich, so schön, von fern und nah.
Sie sangen alle beide, „Kuckuck, kuckuck, iaah!"

Peppina bleibt auf

Peppina, das Kätzchen, war sehr aufgeregt. Ihre Mutter hatte ihr versprochen, sie im Mondlicht mit auf die Jagd zu nehmen. „Ich kann es gar nicht erwarten!", miaute Peppina und lief vor Freude im Kreis.

„Du darfst aber nur mit, wenn du heute Nachmittag schläfst", warnte Mama Katze. „Sonst bist du zu müde."

Aber Peppina war viel zu aufgeregt. Als ihre Mutter fort war, lief sie auf dem Bauernhof hin und her und erzählte all ihren Freunden die große Neuigkeit.

„**Ich bin jetzt groß**", brüstete sie sich. „Ich darf bis zum frühen Morgen aufbleiben."

Als die Sonne unterging, wussten alle über den Jagdausflug Bescheid, aber Peppina war nirgends zu finden.

„Wo mag sie nur sein?", rief Mama Katze. Da hörte sie ein leises Schnarchen oben aus dem Baum. Sie sah hinauf, und da lag Peppina und schlief tief und fest. All die Aufregung hatte sie erschöpft. Heute Nacht würde es für Peppina keinen Jagdausflug geben.

„Das macht nichts", lächelte Mama Katze. „Aufgeschoben ist nicht aufgehoben."

Meine Ziege

Vor meiner Ziege, da ist nichts sicher,
sie frisst Socken und auch meinen Fächer,
den alten Pulli, das Küchentuch,
die Decke der Katze, mein Lieblingsbuch,
den neuen Schirm, die Wäscheleine,
vom Gartenstuhl auch alle vier Beine,
und denkt man dann, nun geht nichts mehr,
frisst sie noch Gras – na bitte sehr!

Jims Lieblingsfarbe

In einer sternenklaren Nacht bewunderte Jim, der Eisbärjunge, mit seinen Freunden den Himmel. Er erstrahlte so farbenprächtig, dass selbst Jim und seine Freunde in farbiges Licht getaucht waren.

„Mensch, ist das schön!", staunte Jim.

„Ich habe noch nie einen so lila Himmel gesehen", rief Hannes Hase.

„Lila ist meine Lieblingsfarbe", sagte Ferdi Fuchs.

„Meine auch", beschloss Hannes. „Und was ist deine Lieblingsfarbe, Jim?"

Jim kratzte sich den Kopf und grübelte. „Ich weiß nicht", sagte er. „Darüber habe ich noch nie nachgedacht."

In dieser Nacht träumte Jim von einem wunderbaren Regenbogen. Er bestand aus den schönsten Farben, die man sich vorstellen konnte. Sie waren alle so beeindruckend, dass Jim sich nicht entscheiden konnte, welche er am liebsten mochte.

Am nächsten Morgen erzählte Jim seiner Mama von seinem Traum.

„Ich weiß einfach nicht, welches meine Lieblingsfarbe ist", sagte er. „Wie kann ich das herausfinden?"

Mama Eisbär lachte. „Du musst keine Lieblingsfarbe haben", beruhigte sie ihn. „Ich mag viele Farben, weil sie mich glücklich machen."

Jim sah sich nachdenklich um und überlegte, welche Farben ihn glücklich machten. Er liebte alle Farben des Regenbogens. Aber welche davon am meisten, konnte er nicht sagen.

An diesem Abend kuschelte sich Jim nah an seine Mama und fühlte sich glücklich und sicher. Und plötzlich wusste er, was seine Lieblingsfarbe war. Es war die Farbe der verschneiten Welt, in der er lebte. Es war die Farbe seiner Freunde. Und das Allerbeste war: Es war die Farbe seiner schönen Mama. Jims Lieblingsfarbe war Weiß! Wie konnte es auch anders sein?

Die Schildkröte

Die Schildkröte ist ein seltsames Tier,
sie ist zwar faltig, doch gefällt sie mir.
Sie schreitet umher mit großer Würde
und nimmt geduldig jede Hürde.
Bei Rennen taugt sie nicht grad viel,
erreicht aber stets ihr gewünschtes Ziel.
Doch fühlt sie sich bedroht, wenn ich mich brück,
zieht sie sich flugs in den Panzer zurück.

Herr Maulwurf

Herr Maulwurf, komm aus deinem Bau
und sieh den schönen Himmel blau.
Ist es nicht einsam, dort im Dunkeln?
Schau, wie nachts die Sterne funkeln!
Komm, Herr Maulwurf, lass uns nicht warten
in diesem herrlich bunten Garten,
wo in den Blüten Bienen summen
und im Gras die Hummeln brummen.
Oh, Herr Maulwurf, komm in die Sonne,
ihre Wärme ist wirklich die reinste Wonne.
Spiel mit uns auf der Wiese fein,
wir wollen deine Freunde sein!

Das Bärenbaby

Ben war ein Bärenbaby, das gar nicht erwarten konnte, groß zu werden.

„Ich wünschte, ich wäre groß und stark, wie Papa", sagte er zu Mama Bär. „Dann könnte ich von zu Hause ausziehen und auf mich selbst aufpassen, wie jeder erwachsene Bär."

Mama Bär lächelte und streichelte ihm den Kopf.

„Hab es doch mit dem Großwerden nicht so eilig", flüsterte sie. „Du bist mein süßes Baby, und ich passe gern auf dich auf."

„Ich bin kein Baby", rief Ben. „Ich bin ein großer Bär!"

Und um seiner Mama zu zeigen, wie groß er war, sprang er in den Fluss und planschte herum, bis er mit etwas Mühe einen winzigen, zappelnden Fisch erwischte.

„Siehst du?", rief er triumphierend und präsentierte Mama Bär stolz seinen Fang. „Ich kann schon Fische fangen, wie ein großer Bär!"

„Gut gemacht!" lobte Mama Bär. Dann griff sie mit ihrer riesigen Pranke ins Wasser und warf einen dicken Fisch an Land.

Das Bärenbaby

„Oh!", staunte Ben. „Ich glaube, ich muss noch viel über das Fischen lernen."

Mama Bär und Ben setzten sich ans Ufer und aßen ihre Fische. Plötzlich kreiste ein großer Adler über ihnen. Er hatte einen gewaltigen, gebogenen Schnabel und rasiermesserscharfe Fänge.

Ben sprang auf und fuchtelte wild mit den Pfoten.

„Hau ab, du Riesenvieh!", brüllte er so laut er konnte. Doch der Adler nahm davon keine Notiz und machte sich bereit, herabzustoßen.

Da hob Mama Bär den Kopf und ließ ein leises Grollen vernehmen. Der Adler warf einen kurzen Blick auf ihre scharfen Zähne und ihre langen Krallen und verschwand schnell wieder.

„Oh!", schluckte Ben. „Ich glaube, ich muss auch noch lernen, wie man Adler vertreibt."

Mama Bär lächelte. Dann hob sie Ben hoch und umarmte ihn ganz fest. „Du hast noch viel Zeit, um erwachsen zu werden. Genieß doch erst einmal, ein kleines Bärenbaby zu sein."

„Ja, mach ich", stimmte Ben ihr zu und kuschelte sich in ihr Fell. **„Irgendwie ist es ja auch schön, dein Baby zu sein!"**

Kleiner Hirtenjunge

Kleiner Hirtenjunge, ruf geschwind
deine Tiere zusammen, eh sie verloren sind.
Kleiner Hirtenjunge liegt tief im Schlaf,
vergisst seine Kuh und auch sein Schaf.
Willst du ihn nicht wecken? –
Ich? Bloß nicht – nein!
Er kriegt sonst einen Schrecken
und fängt laut an zu schrein.

Suse

Muhme Suse Brumme
steht vor unsrer Tür –
holt noch einen Brummbass her,
holt noch einen Zottelbär,
holt noch eine Hummel,
dann brummen alle vier.
Victor Blüthgen

Braves Huhn

Frau Grete hatt' ein braves Huhn,
das wusste seine Pflicht zu tun.
Es kratzte hinten, pickte vorn,
fand hier ein Würmchen, da ein Korn.

Hei diedel diedel

Hei, diedel, diedel, die Katz spielt die Fiedel,
zum Mond fliegt die Kuh, und der Hund lacht dazu.
Der Teller läuft mit dem Löffel fort –
du glaubst es nicht? Ehrenwort!

Frau Kröte

Frau Kröte und ihr Krötenkind,
die schwammen durch den Teich geschwind.
Sie schwammen hin und schwammen her,
ja schwimmen mochten sie gar sehr.

Lieber Storch

Lieber Storch, mein Guter –
bring mir einen Bruder.
Lieber Storch, mein Bester –
bring mir eine Schwester!

Die Vögel, die Waldtiere und die Fledermaus

Einst hatten die Vögel mit den anderen Waldtieren einen so heftigen Streit, dass sie sich bekriegen wollten. Alle Vögel sammelten sich in den Bäumen und warteten auf den Beginn der Schlacht.

„Auf wessen Seite stehst du?", fragten die Vögel die Fledermaus, die kopfüber an einem Ast hing.

„Auf eurer natürlich", antwortete sie. „Schließlich habe ich Flügel, genau wie ihr."

Am Boden sammelten sich inzwischen die Waldtiere. „Auf wessen Seite stehst du?", riefen sie der Fledermaus zu.

„Natürlich auf eurer", antwortete die Fledermaus. „Schließlich habe ich Fell und Zähne, genau wie ihr."

Es entbrannte eine fürchterliche Schlacht. Zunächst gewannen die Vögel die Oberhand. Eulen und Adler stießen auf Mäuse und Kaninchen herab, und die Fledermaus war direkt hinter ihnen.

„Ich bin froh, auf eurer Seite zu sein", sagte sie den Vögeln.

Die Vögel, die Waldtiere und die Fledermaus

Dann wendete sich das Blatt. Wölfe, Füchse und Katzen taten sich zusammen und griffen die Vögel an. Als sie dies bemerkte, war die Fledermaus direkt hinter ihnen.

„Ich bin froh, auf eurer Seite zu sein", sagte sie.

Wann immer der Kampf unterbrochen wurde, flog die Fledermaus zwischen den Vögeln und den Waldtieren hin und her. In einem Moment war sie in den Bäumen und erzählte Geschichten über die Waldtiere, dann war sie in der Höhle der Waldtiere und zog über die Vögel her.

Nach einiger Zeit erkannten alle Tiere, dass ein Krieg doch keine Lösung war.

Ein goldener Adler wagte den ersten Vorstoß. Er flog herab und sprach den Wolf an, der Anführer der Waldtiere war.

„Die Welt ist doch groß genug für uns alle", sagte der Adler. „Es gibt keinen Grund, warum wir nicht friedlich sein sollten."

„Ja, lasst uns Frieden schließen", stimmte der Wolf zu.

Alle Tiere waren froh, dass der Kampf ein Ende hatte und feierten. Doch als sie über die Schlacht sprachen, wurde ihnen klar, dass die Fledermaus ständig die Seite gewechselt und über alle schlimme Geschichten verbreitet hatte. Wütend gingen sie auf sie los, doch die Fledermaus flog schnell davon. Seit jener Zeit versteckt sie sich tagsüber in dunklen Türmen und verlassenen Häusern und kommt nur nachts heraus.

Äsops Moral: Wer andere hinters Licht führt, macht sich keine Freunde.

Matschpfötchen und die Geburtstagsparty

Eines Tages wachte Matschpfötchen auf und stellte fest, dass sich etwas verändert hatte.

Auf einmal gab es ganz viele neue Sachen im Haus!

Aufgeregt schnüffelte er herum. Was war hier los? Wo war Ben? Er rannte los, um ihn zu finden.

„WUFF!", bellte Matschpfötchen und legte Ben seinen Lieblingsball vor die Füße.

Aber Ben spielte mit einem seltsamen, glänzenden Ding. Und dieses seltsame, glänzende Ding wurde größer …

und größer … und GRÖSSER!

Bens neues Spiel sah lustig aus! Matschpfötchen stürzte sich auf die seltsamen, glänzenden Dinge …

Peng! Matschpfötchen sprang zur Seite. Dieses Spiel gefiel ihm nicht! Aber was war das für ein köstlicher Geruch, der da aus der Küche kam?

Sein Schwanz fing an zu wedeln. Würstchen!

Bestimmt hätte niemand etwas dagegen, wenn er mal probierte.

Aber jemand hatte doch etwas dagegen! Bens Mama; und sie jagte ihn in den Garten.

Matschpfötchen und die Gebutstagsparty

Matschpfötchens Schwanz hörte auf zu wedeln. Warum wollte Ben nicht mit ihm spielen? Warum war heute alles anders als sonst?

Vielleicht wollte Katze Lotti ja mit ihm spielen.

„WUFF!", bellte Matschpfötchen.

„Spiel mit mir!"

Doch Lotti stolzierte mit erhobener Nase davon. Sie hatte schließlich Besseres zu tun, als mit einem Welpen zu spielen – zum Beispiel, sich im Gras zu wälzen!

Plötzlich ging quietschend das Gartentor auf und der Garten füllte sich mit stampfenden Füßen, neuen Gerüchen und lauten Stimmen.

Eine ganze Horde von Kindern rannte durch den Garten ins Haus.

Irgendetwas sehr Interessantes ging da vor sich. Und Matschpfötchen musste ganz allein im Garten hocken! Die Blumen waren langweilig. Das Gras war langweilig. Sogar die Gerüche waren langweilig. Und außerdem wurde Matschpfötchen langsam hungrig. Er versuchte, seinen Knochen zu finden, doch der war verschwunden.

Was passierte da gerade im Haus? Vielleicht würde er durchs Fenster etwas erkennen können.

Matschpfötchen und die Gebutstagsparty

Matschpfötchen drückte seine Nase an die Scheibe. Ben und die anderen Kinder rannten herum und lachten. Es sah aus, als hätten sie jede Menge Spaß!

Matschpfötchen wollte auch mit dabei sein – mehr als alles in der Welt.

Jetzt betrat Bens Mama das Zimmer. Sie trug etwas, das hell flackerte.

Es war der größte, leckerste Kuchen, den Matschpfötchen je gesehen hatte. Und er war mit kleinen Lichtern bedeckt!

Matschpfötchen leckte sich die Schnauze und drückte sein Näschen noch fester an die Scheibe.

Plötzlich ging die Tür auf. Es war Ben.

„Mama sagt, dass du jetzt reinkommen darfst!", rief Ben.

Doch auf einmal wollte Matschpfötchen nicht mehr reinkommen.

Er mochte die glänzenden Dinge nicht, die „peng" machten.

Er mochte es nicht, wenn Bens Mama mit ihm schimpfte.

Matschpfötchen und die Gebutstagsparty

Er mochte die neuen Kinder nicht, die in seinem Haus waren.
Ben warf Matschpfötchens Ball hoch in die Luft.
Sofort vergaß Matschpfötchen die großen, glänzenden Dinge.
Er vergaß die neuen Kinder.
Er vergaß sogar das Schimpfen von Bens Mama.

Ben wollte mit ihm spielen! Matschpfötchen sprang wild umher und bellte vor Freude. Er rannte so schnell er konnte, um den Ball zu holen, und brachte ihn wieder zu Ben zurück.

Ben nahm Matschpfötchen auf den Arm und knuddelte ihn. „Es tut mir leid, Matschpfötchen", flüsterte er. „Du wusstest nicht, dass ich heute Geburtstag habe. Aber du weißt schon, dass du mein bester Freund bist, oder?"

„Und beste Freunde machen alles zusammen – vor allem teilen sie ihre Geburtstags-leckereien!"

„WUFF!", bellte Matschpfötchen.
„Würstchen!"

Die Geburtstags-
überraschung

Der kleine Drache spielte mit Prinzessin Pippa, Prinz Pip und Baron Boris.

„Es ist toll, einen echten Drachen zum Freund zu haben!", sagte Pip.

„Er ist kein echter Drache!", sagte Boris. „Er kann kein Feuer spucken!"

„Kann ich wohl!", sagte der kleine Drache wütend.

„Dann los, zeig es uns!", sagte Pippa.

Der kleine Drache pustete … und pustete … und pustete, aber nichts passierte.

„Lügner, Lügner, feuerloser Drache!", sang Boris.

Der kleine Drache fühlte sich elend. War er vielleicht wirklich kein echter Drache?

„Ist doch egal!" sagte Pippa. „Ich bin sicher, wenn du älter wirst, kannst du Feuer spucken."

„Aber wann werde ich älter?", fragte der kleine Drache.

„An deinem Geburtstag natürlich!", sagte Pip.

„Was ist ein Geburtstag?", fragte der kleine Drache.

„Den feiert man jedes Jahr an dem Tag, an dem man geboren wurde", sagte Pip.

Die Geburtstagsüberraschung

„Aber ich bin nicht geboren worden, ich bin aus dem Ei geschlüpft", schniefte der kleine Drache.

„Wann?", fragten Pippa und Pip gleichzeitig.

„Weiß ich nicht!", seufzte der kleine Drache. „Ich war noch zu klein!" Er fing an zu weinen.

„Also", meinte Pippa, „wenn du bisher noch keinen Geburtstag hattest, dann wird es aber Zeit! Dann ist morgen dein Geburtstag, und wir feiern eine Party, mit Ballons, Eiscreme und Spielen – und einem Geburtstagskuchen mit Kerzen!"

Und genau das taten sie. Es wurde eine tolle Party! Es gab Musik und Tanz, lustige Spiele, viele leckere Dinge zu essen und einen riesigen Berg Geschenke für den kleinen Drachen. Dann brachten sie den Geburtstagskuchen herein, und alle sangen: „Zum Geburtstag viel Glück!"

„Oh nein!", rief Pippa. „Wie zünden wir nur die Kerzen an? Der kleine Drache soll sie auspusten und sich etwas wünschen!"

„Ist doch nicht schlimm", sagte der kleine Drache. „Ich puste einfach so und wünsche mir was!"

Er holte tief Luft und … da erfüllte sich der Wunsch des kleinen Drachen: Er spuckte Feuer und zündete damit alle Kerzen an!

Baron Boris hatte ein wenig Angst, aber alle anderen jubelten.

„Juhuuu!", rief der kleine Drache. **„Ich liebe Geburtstage!"**

Saftige Äpfel

Eines Tages war Gloria, das Schwein, sehr hungrig. Sie sah hinauf zu den saftigen roten Äpfeln am Baum auf der anderen Seite der Mauer. Sie sahen köstlich aus! Nur war Gloria etwas zu klein, um sie zu erreichen.

„Vielleicht kann ich einen pflücken, wenn ich auf die Mauer klettere", dachte sie und kraxelte los. Doch – PLUMPS – fiel sie herunter.

„Vielleicht kann ich einen mit dem Stock herunterschlagen", grunzte sie und wedelte damit durch die Luft. Aber es fielen nur Blätter herab.

„Vielleicht kannst du mir einen Apfel vom Baum picken?", schlug Gloria der Amsel vor. Die Amsel gab ihr Bestes, aber es klappte nicht. Die Äpfel fielen immer auf die falsche Seite der Mauer. „Ich gebe auf", seufzte Gloria.

Da kam der Bauer Franz vorüber. „Du siehst betrübt aus, Gloria", sagte er. „Wie kann ich dich wieder fröhlich stimmen?"

Bauer Franz sah sich um und hatte eine Idee. Er ging in den Obstgarten, pflückte einen Eimer voll saftiger roter Äpfel und schüttete sie in Glorias Futtertrog.

Gloria quiekte vor Freude. Sie war wirklich ein Glücksschwein!

Dunja Drossel

Es war Winter, und Dunja Drossel war in ihrem Gartenhaus glücklich. Es gab saftige Würmer zu fressen, und im Garten konnte sie fünf lebhaften Kindern beim Spielen zusehen. Dunja genoss es sogar, mit der Nachbarskatze Fangen zu spielen.

Aber als der Frühling kam, fiel Dunja ein, dass sie einen ruhigen Ort brauchte – der sicher war vor der Katze –, um ihr Nest zu bauen. Also suchte sie so lange, bis sie den perfekten Ort gefunden hatte: Die alte Teekanne im Schuppen!

Eines Tages stürmten die Kinder auf der Suche nach ihrem Ball in den Schuppen. Der größte Junge entdeckte sofort das Nest.

„Oh! Seht nur! Unsere Drossel hat ein Nest gebaut", rief er. „Kommt, wir lassen sie allein und machen die Tür zu, damit die Katze nicht hereinkann." Ein paar Tage später schlüpften die Küken. Jetzt hatte auch Dunja fünf Kinder. Schon bald war es Zeit für ihren ersten Ausflug in den Garten. Dunja führte sie hinaus, damit sie leckere Würmer fressen und den Kindern beim Spielen zusehen konnten.

„Unsere Drossel hat eine neue Familie!", riefen die Kinder. „Sind das nicht die süßesten Küken der Welt?"

Dunja war so stolz, dass sie ganz laut sang!

Wie der Bär seinen Schwanz verlor

Vor langer Zeit hatte der Bär einmal einen langen, schwarzen, glänzenden Schwanz, auf den der Fuchs sehr neidisch war.

„Warum glaubt der Bär eigentlich, sein Schwanz sei so toll?", grollte der Fuchs. „Mein Schwanz ist viel hübscher als seiner. Ich werde ihm eine Lehre erteilen."

Es war Winter, und alle Seen waren mit einer dicken Eisschicht überzogen. Der Fuchs machte ein Loch ins Eis und legte dicke, leckere Fische daneben. Als der Bär abends daran vorbeikam, ließ der Fuchs seinen Schwanz durch das Loch ins Wasser hängen.

„Was machst du da?", wollte der Bär wissen.

„Ich fische", antwortete der Fuchs. Willst du es auch einmal probieren?"

Der Bär, der sehr gern Fisch aß, wollte es dem Fuchs natürlich gleichtun.

Wie der Bär seinen Schwanz verlor

„Ich habe all diese Fische hier gefangen", sagte der Fuchs. „Lass uns dort drüben ein neues Loch machen." Er führte den Bären an eine seichte Stelle und schnitt ein neues Loch in das Eis.

„Setz dich mit dem Rücken zum Loch und denk nicht an die Fische. Sie merken sonst, dass du sie fangen willst. Sobald ein Fisch in deinen Schwanz beißt, kannst du ihn herausziehen. Bis dahin musst du aber ganz still sitzen bleiben", erklärte der Fuchs.

Der Bär ließ seinen langen Schwanz durch das Eis ins Wasser hängen und tat, was der Fuchs gesagt hatte. Am nächsten Morgen kam der Fuchs zurück und sah, dass der Bär immer noch auf dem Eis saß. Er schlief und war mit Schnee bedeckt. Das Loch war über Nacht zugefroren, und der Schwanz des Bären steckte im Eis fest.

„Ein Fisch hat angebissen! Zieh ihn heraus!", rief der Fuchs.

Der Bär schreckte aus dem Schlaf hoch und zog, so stark er konnte. Mit einem lauten KNACK brach der gefrorene Schwanz ab.

Daher haben die Bären Stummelschwänze und sind auf Füchse nicht gut zu sprechen.

Ringelschwänzchen Hänschen

Ein Schwein mit langem Schwänzchen,
ein Schwein ganz ohne Schwänzchen,
die machten einst ein Tänzchen
mit Ringelschwänzchen Hänschen.

Wären Träume Pferde

Wären Träume Pferde,
könnten Bettler reiten.
Wären Rüben Uhren,
besäß ich eine beizeiten.

Fussel Wussel

Fussel Wussel war ein Bär,
und er liebte Honig sehr.
Auf dem Kopf trug er 'nen Hut,
und der Hut,
der stand ihm gut.

Mäuschen

Mäuschen schaut neugierig drein,
Mäuschen kriecht geschwind herbei.
Mäuschen sagt: „Hier ist es fein,
aber der Tag ist ja schon vorbei."
Mäuschen schlüpft leis' zurück ins Loch,
da hört man ein lautes „Hatschi!".
Nun hat Mäuschen offenbar doch
einen Schnupfen gefangen – und wie!

Im April

Im schönen April, Knall auf Fall,
Blumen und Blätter gibt's überall.
Lämmchen das Licht der Welt erschauen,
und Vöglein ihre Nester bauen.

Pferdchen, Pferdchen

Pferdchen, Pferdchen, mache hopp,
und wenn ich dich bitte, dann halte, stopp!
Denn ziehst mir du den Wagen heim,
dann werden wir bald im Warmen sein.

Black Beauty

Der erste Ort, an den ich mich erinnere, ist eine große schöne Wiese mit einem Teich. Über das Gatter auf der anderen Seite hinweg sahen wir das Haus unseres Herrn.

Als ich ein Fohlen war, nährte mich meine Mutter mit ihrer Milch. Tagsüber lief ich an ihrer Seite, und nachts lag ich neben ihr. Meine Mutter war ein weises altes Pferd, und unser Herr hielt große Stücke auf sie. Er war ein freundlicher Mensch. Wir mochten ihn alle, aber ich glaube, Mutter und ich waren wohl seine Lieblinge.

Allmählich wurde ich erwachsen. Mein Fell glänzte in einem tiefen Schwarz, und meine Stirn zierte ein hübscher weißer Stern. Ich galt überall als richtige Schönheit.

Als ich vier Jahre alt war, begutachtete mich Gutsbesitzer Gordon. Er untersuchte mich eingehend, dann ließ er mich traben und galoppieren. Er sagte, dass er mich nehmen würde, sobald ich zugeritten sei.

Mein Herr wollte mich selbst ausbilden, damit ich nicht scheu wurde. Er fing gleich am nächsten Tag an. Am Anfang war es komisch, jemanden auf meinem Rücken zu spüren, aber ich war auch stolz darauf, meinen Herrn zu tragen.

Bald kam ich nach Birtwick Park zu Gutsbesitzer Gordon. Hier gab es ein großes Haus mit einem weitläufigen Garten. Der Stall hatte geräumige Boxen, wo auch Ginger

Black Beauty

untergebracht war, eine temperamentvolle Fuchsstute, die biss und ausschlug.

Am nächsten Morgen wurde ich meinem Herrn vorgeführt. Ich muss sagen, dass er ein vorzüglicher Reiter war. Als wir auf das Anwesen zurückkehrten, wartete seine Frau auf uns.

„Nun, wie macht er sich?", fragte sie.

„Ausgezeichnet", antwortete Mr Gordon. „Wie nennen wir ihn?"

„Was hältst du von Black Beauty", sagte sie, „die schwarze Schönheit."

Obwohl ich meine Mutter und die Wiese vermisste, fühlte ich mich doch wohl in meinem neuen Zuhause. Manchmal wurden Ginger und ich gemeinsam vor die Kutsche gespannt. Eines Tages erzählte sie mir aus ihrem früheren Leben. Niemand war jemals freundlich zu ihr gewesen; daher war sie oft so gereizt. Bei Mr Gordon war ihr Leben endlich besser geworden, und allmählich wurde sie wieder fröhlicher.

Auch ich war mit meinem Leben bei Mr Gordon zufrieden. Der Kutscher, er hieß John, war freundlich, genau wie James, der Stalljunge.

Black Beauty

Eines Tages beschlossen Mr und Mrs Gordon, Freunde zu besuchen, die zwei Tagesreisen weit entfernt lebten. James lenkte die Kutsche, die von Ginger und mir gezogen wurde. Die erste Tagesstrecke war lang und anstrengend, und so waren wir erleichtert, als wir die Herberge erreichten. Die Stallburschen striegelten uns und führten uns in saubere Boxen. Später kam ein junger Mann herein; er rauchte Pfeife und wollte offensichtlich plaudern. Danach schaute noch James vorbei, um zu sehen, ob es uns gut ging, dann wurden die Türen verschlossen.

Ich erwachte in der Nacht und fühlte mich sehr unbehaglich. Die Luft war voller Rauch, und Ginger hustete. Da es vollständig dunkel war, konnte ich nichts erkennen, aber der ganze Stall schien voller Rauch zu sein. Als ich horchte, vernahm ich ein leises Knistern und Prasseln.

Draußen hörte ich lautes Rufen: „Feuer!"

Da vernahm ich James' Stimme, ruhig und freundlich wie immer. „Komm, wir wollen doch raus aus diesem Rauch." Gleich war ich gezäumt. Mit guten Worten und Streicheln brachte er mich aus dem Stall. Als wir in Sicherheit waren, bat er jemanden, bei mir zu bleiben.

Es schien ewig zu dauern, bis Ginger und James aus dem Stall kamen. Und endlich erschienen auch die Feuerwehrmänner, um das Feuer zu löschen.

Black Beauty

Am nächsten Tag erfuhr ich, dass das Feuer durch die Pfeife des jungen Mannes ausgelöst worden war.

Kurze Zeit, nachdem wir nach Birtwick Park zurückgekehrt waren, wurde ich eines Nachts wieder geweckt. John eilte mit dem Sattelzeug herbei. „Wach auf, Black Beauty", rief er, „wir müssen los!" Dann ritten wir zum Wohnhaus. Mr Gordon stand in der Tür.

„Reite so schnell das Pferd kann, John, es geht um das Leben meiner Frau!", befahl er.

Schnell wie der Wind ritten wir durch die Nacht, um den Arzt zu holen.

In dieser Nacht hatte ich mich so verausgabt, dass ich krank wurde. John pflegte mich Tag und Nacht. Auch mein Herr sah nach mir. „Mein armer Beauty!", sagte er. „Du hast deiner Herrin das Leben gerettet."

Doch als ich wieder gesund war, bemerkte ich, dass sich vieles veränderte. Manchmal hörten wir von der Krankheit unserer Herrin. Schließlich hieß es, sie müsse England verlassen und in einem milderen Klima leben. Das war für uns alle ein furchtbarer Schlag. Bald bereitete der Herr die Abreise vor.

Ginger und ich hingegen wurden an den Earl of Wicklow verkauft. Hier sollte ein neuer Abschnitt meines Lebens beginnen.

Die alte Frau und die fette Henne

Eine alte Frau hielt eine Henne, die ihr jeden Morgen ein Ei legte. Die Eier waren groß und köstlich, und die alte Frau konnte sie für einen guten Preis auf dem Markt verkaufen.

„Würde meine Henne jeden Tag zwei Eier legen", dachte sie bei sich, „könnte ich zwei mal so viel Geld verdienen!"

Also beschloss die alte Frau, der Henne zwei mal so viel Futter zu geben, damit sie ihr jeden Tag zwei Eier legen konnte. Sie gab der Henne nicht nur eine Schale Körner am Morgen, sondern auch eine Schale Körner am Abend.

Da freute sich die Henne sehr und fraß alle Körner begierig auf.

Jeden Tag, wenn die alte Frau in den Stall ging, erwartete sie, nun zwei Eier zu finden, aber es war immer noch nur eins – doch die Henne wurde **fetter und fetter**. Eines Morgens schaute die alte Frau in die Legekiste und fand gar kein Ei. Auch am nächsten Tag und am übernächsten Tag war kein Ei zu finden. All das Futter hatte die Henne fett und zufrieden gemacht. Sie war faul geworden und legte gar keine Eier mehr!

Äsops Moral: Es läuft nicht immer alles wie geplant.

Die Mäuseversammlung

Es war einmal eine Familie von Mäusen. Sie hätten sehr glücklich leben können, wäre da nicht die Katze gewesen, die ebenfalls in ihrem Haus lebte. Jedes Mal, wenn sie in die Küche liefen, um ein paar Krümel zu holen, kam die Katze und scheuchte sie unter die Dielenbretter.

„Wenn wir nicht bald etwas unternehmen, werden wir verhungern", sagte die älteste Maus. „Wir müssen eine Versammlung abhalten und einen Plan schmieden."

Alle Mäuse kamen zu der Versammlung, aber keine hatte eine Idee, auf die sich alle einigen konnten. Da hatte die jüngste Maus einen Geistesblitz. „Wir können eine Klingel an das Halsband der Katze hängen. Dann hören wir, wenn sie kommt", sagte sie.

Alle waren sich einig, dass dies ein hervorragender Plan war, und die jüngste Maus war sehr stolz. Da erhob sich Großvater Maus. „Das ist zwar wirklich eine großartige Idee, die du da vorgetragen hast", sagte er, „aber wer soll so tollkühn sein, der Katze die Klingel an ihr Halsband zu binden?"

Äsops Moral: Sich einen schlauen Plan auszudenken ist oft viel einfacher, als ihn auch umzusetzen.

Versteckspiel

Wer steht da auf der Wiese,
unter einem Baum,
rupft Gräser, kaut und muht
und bewegt sich kaum?

Jenseits der großen Wiese
spritzt es und quakt es zugleich.
Weiße Flügelchen schlagen aufgeregt –
wer sitzt denn da im Teich?

Ganz hinten auf der Weide –
wer rennt dort frei im Wind,
im Trott erst, dann auch im Galopp –
wie ein ausgelassenes Kind?

Dort hinten, vor der Scheune,
dicht bei dem Mutterschaf –
wer liegt da, weiß und wollen,
in tiefem, tiefem Schlaf?

Sechs Mäuslein

Sechs Mäuslein, die wollten einst Wolle spinnen,
da fragte die Katze: „Was macht ihr da drinnen?"
„Wir nähen uns Mäntel und Schürzen."
„So lasst mich ein, euch die Fäden zu kürzen."
„Nein danke, Frau Katze, ihr werdet uns fressen."
„Ach nein, auf Mäuse bin ich nicht versessen."
„Trotzdem danke, wir sind dennoch nervös."
Da sprach die Katze: „Ich bin euch nicht bös!
Auch ich wäre achtsam, wär ich so klein,
und ließe kein fremdes Tier zu mir ein.
Doch lasst euch gesagt sein, ihr weisen Tiere,
dass ich das Nein gewiss akzeptiere."
Da öffneten die Mäuse – und schon sprang die Katze
und hielt alle Mäuslein in ihrer Tatze.

Drei kleine Schweinchen

Es waren einmal drei kleine Schweinchen, die machten sich eines Tages auf in die Ferne.

Nach einer Weile trafen sie einen Mann, der trug einige Strohbündel.

„Ich baue mein Haus aus Stroh", sagte das erste Schweinchen.

Die zwei anderen Schweinchen gingen weiter. Nach kurzer Zeit trafen sie einen Bauern, der stapelte Holz.

„Ich baue mein Haus aus Holz", sagte das zweite Schweinchen.

Das dritte Schweinchen ging allein weiter die Straße entlang, bis es einem Mann begegnete, der eine Karre mit Ziegelsteinen zog.

„Ich baue ein stabiles Haus aus Ziegelsteinen", rief das dritte Schweinchen, das sehr schlau war.

Das dritte Schweinchen machte sich sofort daran, sein Haus zu bauen. Die Arbeit war sehr anstrengend, das Schweinchen schuftete, bis das Steinhaus schließlich fertig war.

Am nächsten Morgen saß das erste Schweinchen gerade vor seinem Strohhaus, als der Wolf vorbeikam.

„Schweinchen, Schweinchen, lass mich rein", jaulte der Wolf.

„Niemals, nein-nein-nein", antwortete das vor Angst schlotternde Schweinchen.

Drei kleine Schweinchen

Mit nur einmal Luftholen pustete der Wolf das Strohhaus um.

„Hilfe!", quiekte das Schweinchen und rannte, so schnell es konnte, zum Holzhaus seines Bruders.

Es dauerte nicht lang, da kam der Wolf beim Holzhaus an. Als die zwei kleinen Schweinchen ihn sahen, verriegelten sie die Tür.

„Schweinchen, Schweinchen, lasst mich rein", rief der Wolf.

„Niemals, nein-nein-nein", antworteten die Schweinchen.

Da pustete er auch das Holzhaus um.

„Hilfe!", jammerten die beiden Schweinchen. Dann rannten sie laut quiekend die Straße hinunter zum Steinhaus ihres Bruders.

Schnell öffnete das Schweinchen die Tür, um seine Geschwister einzulassen. Der Wolf war ihnen schon auf den Fersen.

„Schweinchen, Schweinchen, lasst mich rein", knurrte der Wolf.

„Niemals, niemals, nein-nein-nein", antworteten die drei.

Da Pusten nicht half, raste der Wolf.

„Ich komme durch den Schornstein!", schrie er.

Aber das dritte Schweinchen hatte schon den Wasserkessel über das Feuer gesetzt.

Der Wolf rutschte den Schornstein herunter und landete im kochend heißen Wasser.

„Auaaa!", jaulte er und sprang aus dem Kessel. Dann rannte er davon und ward nie mehr gesehen.

Versteckspiel im Dschungel

Eines Tages lief der kleine Elefant durch den Dschungel. Es dauerte nicht lange, da begegnete er Giraffe.

„Hallo!", rief der kleine Elefant. „Magst du mit mir spielen?"

Giraffe beugte sich zum kleinen Elefanten hinunter und lächelte. „Na gut", antwortete sie. „Spiel doch mit Zebra, Krokodil und mir Verstecken. Mach deine Augen zu und zähl bis hundert, dann kannst du uns suchen kommen."

Also schloss der kleine Elefant die Augen und zählte bis hundert. Weil er noch klein war, brauchte er lange dafür. Endlich machte er die Augen auf und begann, seine Freunde zu suchen.

Er suchte im hohen Gras, aber er konnte Zebra zwischen den langen Halmen nicht erkennen. Er suchte zwischen den Akazienbäumen, aber er konnte Giraffe nicht ausmachen, die sich zwischen den Stämmen versteckte. Er suchte am Wasserloch, aber Krokodil war im grünen Wasser nicht zu sehen. Er suchte und suchte und suchte, konnte aber keinen seiner Freunde finden.

Gegen Mittag war der kleine Elefant so entmutigt, dass er keine Lust mehr hatte.

„Ich gebe auf!", rief er. „Ihr habt euch alle zu gut versteckt. Ich finde euch nicht."

Versteckspiel im Dschungel

Dann legte er sich zwischen die Felsen, um sich auszuruhen. Nach und nach kamen Giraffe, Zebra und Krokodil aus ihren Verstecken und suchten den kleinen Elefanten. Aber sie konnten ihn nirgends finden.

Auf der Suche trampelten sie so laut umher, dass der kleine Elefant aufwachte und gähnte.

„He, der Felsen da drüben hat gerade gegähnt", staunte die Giraffe.

„Ich bin doch kein Felsen", sagte der kleine Elefant. „Ich bin's, Elefant."

„Tatsächlich!", rief Zebra.

„Verblüffend", lächelte Krokodil. „Mit deiner grauen Haut bist du zwischen den Felsen überhaupt nicht zu erkennen, genau wie ich mit meiner grünen Haut im grünen Wasser."

„Mir helfen meine Streifen, mich im Gras zu verstecken", sagte Zebra.

„Und mit meinen Flecken falle ich zwischen den hohen Bäumen gar nicht auf", sagte Giraffe.

„Das ist toll!", rief der kleine Elefant glücklich. „Dann kann ich mich ja genauso gut verstecken wie ihr!"

Der Wolf und der Kranich

Es war einmal ein Wolf, der ein riesiges Mahl so gierig verschlang, dass ihm ein Knochen im Hals stecken blieb. Der Wolf versuchte erst mit Husten … dann mit Schlucken … und dann mit Trinken, den Knochen loszuwerden, aber der rührte sich nicht. Er steckte fest, und der Wolf konnte nichts mehr fressen. Die Tage vergingen, und der Wolf wurde dünner und dünner.

Eines Tages bemerkte der Wolf einen Kranich am Himmel und hatte eine Idee.

„Du hast einen wunderschönen langen Schnabel", sagte er zum Kranich, als dieser landete. „Du könntest mir **einen großen Dienst** erweisen und mir das Leben retten. Ein Knochen steckt mir im Hals fest. Ich kann nicht fressen und muss verhungern. Kannst du mit deinem langen Schnabel nicht den Knochen herausziehen?"

Der Kranich aber hatte Angst, seinen Kopf in das Maul des Wolfs zu stecken. Womöglich wollte der Wolf ihn fressen?

Der Wolf und der Kranich

„Ich würde dir gern helfen", sagte der Kranich, „aber ich fürchte, du beißt mir den Kopf ab."

„Aber warum sollte ich das tun?", fragte der Wolf. „Ich wäre dir sogar so dankbar, dass ich dich belohnen würde."

Das war für den Kranich so verlockend, dass er zustimmte, dem Wolf zu helfen.

Da öffnete der Wolf sein Maul, und der Kranich steckte ihm seinen langen Schnabel in den Hals. Erfreut stellte er fest, dass der Wolf nicht gelogen hatte und wirklich ein Knochen in seinem Hals festsaß. Er nahm ihn und zog ihn heraus.

Als der Knochen aber draußen war, drehte der Wolf sich um und ging davon.

„Einen Moment!", rief der Kranich. „Was ist mit meiner Belohnung?"

„Die hast du bereits bekommen", antwortete der Wolf. „Obwohl ich so hungrig bin, habe ich dir den Kopf nicht abgebissen, als er in meinem Maul war. Dafür solltest du mir dankbar sein!"

Äsops Moral: Wenn du einem Bösewicht hilfst, erwarte nicht, belohnt zu werden.

Die Mäuse und die Tannenzapfen

Es war einmal eine Mäusefamilie, die wohnte in einem wunderbaren Wald, in dem es viele Nüsse und Beeren zu fressen gab. Nur lebte leider auch ein Fuchs in diesem Wald, der sie immer wieder zu fangen und zu fressen versuchte.

Schließlich hatten die Mäuse eine Idee. Eine von ihnen sollte ständig Wache halten, während sie Futter sammelten. So konnte die Wächtermaus sie warnen, wenn der Fuchs kam, und die Familie sich schnell im Bau unter der Douglastanne in Sicherheit bringen. Der Plan funktionierte hervorragend, bis eines Tages die jüngste Maus Wachdienst hatte. Das Wachehalten war ihr schnell langweilig, und sie unterhielt sich bald mit einem Frosch, der unter dem Baum hin und her hüpfte.

Sie unterhielten sich über den Wald und all die Tiere, die in ihm lebten. Schließlich fiel der Name des Fuchses.

„Ich bin sehr froh, dass du mit deiner Familie hier wohnst", quakte der Frosch. „Früher hatte ich mit dem hinterlistigen Kerl oft Ärger, aber da er viel lieber Mäuse frisst als Frösche, lässt er mich inzwischen in Ruhe."

Die Mäuse und die Tannenzapfen

Da fiel der Maus plötzlich wieder ein, dass sie ja nach dem Fuchs Ausschau halten sollte. Sie sah sich schnell um und bemerkte zu ihrem Schrecken, dass der Fuchs unter den Ästen der Douglastanne lauerte. Und noch viel schlimmer: Er hatte die ahnungslose Mäusefamilie bereits im Visier, die fleißig Futter sammelte. Er war sprungbereit!

„Lauft! Der Fuchs ist da!", quiekte die kleine Maus, so laut sie nur konnte – aber es war zu spät. Die Mäuse liefen in ihrer Panik umher und versuchten verzweifelt, sich zu verstecken.

Plötzlich sah Vater Maus, dass der Boden ringsherum mit Tannenzapfen bedeckt war.

„Versteckt euch in den Zapfen!", rief er und kroch selbst so tief wie möglich zwischen die Schuppen eines Tannenzapfens.

Der Fuchs war verwirrt. Eben war der Boden noch voller fliehender Mäuse gewesen – und plötzlich waren sie alle verschwunden! Das konnte doch nicht mit rechten Dingen zugehen. Es fiel ihm gar nicht ein, sich die Tannenzapfen einmal genauer anzusehen! Kannst du erraten, was passiert ist? Sieh dir einmal den Zapfen einer Douglastanne genauer an: Bis heute kannst du zwischen den Schuppen die Hinterpfötchen und die Schwänzchen der Mäuse herausragen sehen.

Schön ist die Welt

Schön ist die Welt,
drum, Brüder, lasst uns reisen,
wohl in die weite Welt,
wohl in die weite Welt.

Wir sind nicht stolz,
wir nehmen die Pferde,
die uns von dannen ziehn,
die uns von dannen ziehn.

Eber Grunz

Der Eber hat ein Ringelschwänzchen
und wagt auch gern ein kleines Tänzchen,
links herum und rechts herum,
ja, der Grunz, der ist nicht dumm.

Des Ebers Augen, dunkelbraun,
leuchten schon im Morgengraun.
„Sieh, wie ich dich mit Blicken betör",
ruft Eber Grunz, der kleine Charmeur.

Grunz ist verliebt in Jule, die Sau,
drum hätt er sie gern als seine Frau.
Gemeinsam rollen sie hin und her
und grunzen und kichern und lachen auch sehr.
Grunz und Jule sind nun ein Paar
und finden das Leben wunderbar.
Nur mit dem Suhlen ist es vorbei;
neun Schweinchen wollen Haferbrei.

Das Versteck

Eines Morgens hastete das Eichhörnchen fleißig durch den Wald, lief die Bäume auf und ab und schlug den buschigen Schwanz aufgeregt hin und her. Es sammelte Nüsse für den Winter. Als es einen großen Haufen zusammengetragen hatte, hielt es inne und kratzte sich die Ohren.

„Jetzt brauche ich nur noch ein sicheres Versteck", murmelte es und sah sich um. „Es muss warm und trocken sein und nicht weit weg. Und das teuflische Wiesel darf meine Nüsse nicht finden."

Da tauchte das Kaninchen aus seinem Bau auf. Es wackelte mit der Nase und lächelte das Eichhörnchen an.

„Aha!", dachte das Eichhörnchen. „Das sieht nach dem perfekten Versteck aus."

„Hallo, Kaninchen", rief es. „Darf ich meine Nüsse in deinem Bau verstecken?"

Aber das Kaninchen schüttelte den Kopf. „Tut mir leid", antwortete es, „dann habe ich nicht genug Platz für meine

Das Versteck

Kinder. Ich bin gerade erst aus meinem alten Bau in der Buche ausgezogen, weil er zu klein war."

Das Eichhörnchen seufzte und sah enttäuscht aus. Das tat dem Kaninchen so leid, dass es ihm unbedingt helfen wollte. Es musste doch einen sicheren Ort für die Nüsse geben. Es überlegte und überlegte, und plötzlich hatte es eine Idee.

„Ich hab's!", rief es und trommelte aufgeregt mit dem Fuß. „Warum nutzt du nicht einfach meinen alten Bau als Lager? Er ist warm und trocken und bestimmt groß genug für deine Nüsse."

„Oh, danke!", rief das Eichhörnchen. „Das ist wirklich perfekt. Das Wiesel wird dort niemals nachsehen, und er ist nur ein paar Sprünge von meinem Nest entfernt." Es gab dem Kaninchen einen Kuss auf die Wange, sprang davon und begann, seine Nüsse in das neue Versteck zu bringen. Aber es versteckte nicht alle Nüsse dort. Einen Teil brachte es auch dem Kaninchen und seiner Familie. **Eine Hand wäscht schließlich die andere.**

Katzenchor

Wir treffen uns nachts auf der Mauer im Garten.
Dort kannst du uns hören, hast du Glück, und kannst warten.
Sandy singt den hohen Sopran, Tom gibt den tiefen Bass.
Fleckie hält den Bariton, auf Berts Rhythmus ist Verlass:
Mit Miau und Mio, Gejaul und Hallo
macht der Katzenchor alle Schlafenden froh!

Tom-Tom, des Pfeifers Sohn

Tom-Tom, des Pfeifers Sohn
spielt immer nur einen einzigen Ton.
Stiehlt ein Huhn und rennt davon,
übern Berg, übern Berg, in die Ferne.

Zwei Spatzen

Zwei Spatzen an der Mauer machen ein Gezeter.
Der eine heißt Paulchen, der andere Peter.
Flieg davon, Paulchen, flieg davon, Peter!
Komm zurück, Paulchen, komm zurück, Peter!

Schlummerlied

Schlaf, Kindlein, schlaf!
Es war einmal ein Schaf.
Das Schaf, das ward geschoren,
da hat das Schaf gefroren.
Da zog ein guter Mann
ihm seinen Mantel an.

Zwei kleine Hunde

Zwei kleine Hunde saßen am Kamin.
Sagt der eine zu dem anderen kleinen Hund:
„Wenn du nicht redest –
warum soll ich dann reden?"

Herbstritt

Auf den Feldern summen die Bienen heiter,
als wenn's ihre letzten Tage wären,
und zwischendrin stürmen Pferd und Reiter
durch das goldene Meer der reifen Ähren.

Am Fluss

Der Maulwurf hatte endgültig die Nase voll. „Blöder Frühjahrsputz!", sagte er und knallte die Tür seines unterirdischen Baus hinter sich zu. Dann rannte er den Tunnel hoch, der an die frische Luft führte.

„Auf nach oben!", schnaufte er, bis er sich auf einer Wiese wiederfand.

Er hüpfte über die Felder auf einen Fluss zu, der in der Morgensonne glitzerte, setzte sich ans Ufer und blickte über das Wasser.

„Hallo!", rief eine Stimme vom anderen Flussufer herüber. Ein fröhliches Wesen mit rundem Kopf, zierlichen Ohren und einem seidigen Fell saß auf der Terrasse seiner Flussbehausung und schlürfte Limonade. Es war die Wasserratte.

„Hallo, Ratte", sagte Maulwurf schüchtern.

„Hallo, Herr Maulwurf. Moment mal", rief Ratte, stieg in ein kleines Boot und ruderte flott über den Fluss.

„Ich bin noch nie in einem Boot gewesen", sagte Maulwurf nervös.

„Was?", rief Ratte und reichte Maulwurf eine Pfote, um ihm beim Einsteigen behilflich zu sein.

„Ist es nett?", fragte Maulwurf.

„Nett?", sagte die Wasserratte. „Glaub mir, es gibt NICHTS, das auch nur halb so lohnenswert ist. Wie wär's mit

Am Fluss

einem Tagesausflug? Weiter flussaufwärts machen wir dann ein Picknick. Unter deinem Sitz befindet sich ein Picknickkoffer!"

Ratte ruderte gemächlich den Fluss hinauf.

Maulwurf seufzte zufrieden und lehnte sich behaglich zurück.

„Ah, da ist ja der Picknickplatz", sagte Ratte.

Sie breiteten ihr Picknick am grünen Ufer eines Flussnebenarms aus.

„Was betrachtest du denn da?", fragte Ratte nach einer Weile.

„Ich wundere mich über die Bläschen auf der Wasseroberfläche", sagte Maulwurf.

Plötzlich tauchte eine glänzende Schnauze mit weißen Schnurrhaaren aus dem Wasser auf.

„Herr Otter!", rief Ratte. „Erlaube, dass ich dir meinen Freund, Herrn Maulwurf, vorstelle."

„Sehr erfreut", sagte der Otter und schüttelte Wasser aus seinem Pelz.

Hinter ihnen raschelte es, und ein Tier mit schwarz-weiß gestreiftem Kopf bahnte sich einen Weg durch das Gebüsch.

„Hier herüber, alter Dachs!", rief Ratte.

„Ha, Gesellschaft", grummelte Dachs, drehte sich um und verschwand wieder.

„Typisch Dachs", erklärte Ratte. „Er hasst Gesellschaft."

In diesem Moment tauchte ein Rennboot auf. Im Boot saß

Am Fluss

eine kleine, dicke Gestalt, die fürchterlich mit den Rudern spritzte.

„Das ist Kröterich!", rief der Otter. Ratte winkte ihm zu. Kröterich winkte zurück und ruderte weiter.

„Oje", kicherte Ratte. „Sieht ganz so aus, als hätte Kröterich ein neues Hobby. Früher war es Segeln. Als er davon genug hatte, versuchte er es mit Kanufahren. Danach wollte er nur noch in einem Hausboot leben. Und jetzt das!"

Eine Eintagsfliege landete auf dem Wasser. Mit einem PLOPP verschwand sie wieder. Und mit ihr der Otter, von dem nur noch Bläschen auf der Wasseroberfläche zurückblieben.

Das Picknick war nun zu Ende, und die Sonne ging schon unter, als Ratte heimwärts schipperte.

Maulwurf sagte: „Bitte, Ratte, jetzt möchte ich auch mal rudern!" Schon sprang er auf und ergriff die Ruder so plötzlich, dass Ratte rückwärts nach hinten fiel.

„Aufhören, du Dummkopf!", schrie Ratte. „Wir werden noch kentern!"

Maulwurf versuchte, die Ruder ins Wasser zu tauchen, war aber zu ungeschickt. Im nächsten Augenblick – PLATSCH – kippte das Boot um!

Am Fluss

Oje, wie kalt das Wasser war! Und wie fürchterlich nass! Maulwurf sank tiefer und tiefer.

Auf einmal packte ihn eine kräftige Pfote am Kragen und legte ihn am Ufer ab.

Ratte rettete das Boot und tauchte nach dem Picknickkorb.

Ein betrübter Maulwurf stieg wieder ins Boot. „Oh, Ratte, kannst du mir meine Dummheit jemals verzeihen?"

„Aber mein lieber Freund", sagte Ratte versöhnlich, „so ein bisschen Wasser macht mir doch nichts aus. Ich bin sowieso mehr im Wasser als draußen. Am besten ziehst du für eine Weile zu mir. Dann kann ich dir Rudern und Schwimmen beibringen."

Maulwurf wischte sich eine Träne mit der Pfote ab, und Ratte tat netterweise so, als habe er das nicht bemerkt.

Zu Hause angekommen, machte Ratte ein Feuer im Kamin, gab Maulwurf einen Morgenrock und Pantoffeln und setzte ihn in einen Sessel.

Am Abend wurde ein sehr müder und zufriedener Maulwurf in das beste Schlafzimmer geführt, wo er seinen Kopf auf ein weiches Kissen bettete und beim Plitschplatsch des Flusses einschlief. Was für ein aufregender und wunderbarer Tag!

Ei der Daus!

Ei der Daus, die Kerze ist aus,
und mein kleines Kätzchen ist nicht zu Haus.
So sattelt die Hühner, spannt an die Laus,
damit wir das Kätzchen bringen nach Haus!

Meine Katze

Meine Katze sitzt hoch im Geäst
und ist ganz froh und munter.
Doch als nichts mehr zu bestaunen ist,
traut sie sich nicht herunter.

Schöner Frühling

Schöner Frühling, komm doch wieder,
lieber Frühling, komm' doch bald,
bring' uns Blumen, Laub und Lieder,
schmücke wieder Feld und Wald.

Das Vöglein schlägt die Flügel

Unser Vöglein schlägt die Flügel,
schlägt die Flügel, schlägt die Flügel.
Unser Vöglein schlägt die Flügel –
fliegt bald auf und davon!

Eine rosa Kuh

Eine rosa Kuh, die gab's noch nie,
so viel kann ich euch sagen.
Doch säh ich lieber 'ne rosa Kuh,
als selbst ihr Fell zu tragen.

Kleiner Goldfisch

Kleiner Goldfisch, bist du stumm,
schwimmst nur still im Glas herum.
Sag mir doch mit deinen Flossen,
ob froh du bist oder verdrossen.

Wie der Kardinalvogel zu seiner Farbe kam

Es war einmal ein Waschbär, der gern seinen Nachbarn, den Wolf, ärgerte. Der Waschbär zog den Wolf am Schwanz, rannte hoch in den Baum und bewarf ihn dann mit Kiefernzapfen. Und wenn der Wolf schlief, kitzelte er ihn mit einer Feder an der Nase, bis er niesen musste.

Eines Tages wurde der Wolf so wütend auf den Waschbären, dass er ihn durch den ganzen Wald scheuchte. Als der Waschbär an den Fluss kam, kletterte er hoch in einen Baum und wartete, was der Wolf wohl tun würde.

Als der Wolf das Spiegelbild des Waschbären im Wasser sah, sprang er hinein, um ihn zu fangen. Doch da war der Waschbär verschwunden.

„Er muss unter Wasser sein", dachte der Wolf und tauchte, um den Flussboden abzusuchen. Schließlich gab er seine Suche erschöpft auf, legte sich ans Ufer und schlief fest ein. Sobald der Wolf zu schnarchen begann, kam der Waschbär aus dem Baum, um dem armen Wolf einen weiteren Streich zu spielen. Er holte Schlamm aus dem Fluss und strich ihn dem Wolf über die Augen. Als der aufwachte, konnte er die Augen nicht mehr öffnen.

Wie der Kardinalvogel zu seiner Farbe kam

„Hilfe!", rief der Wolf. „Ich kann nichts sehen! Ich bin blind!"

Ein brauner Vogel, der im Baum auf einem der Äste döste, hatte Mitleid mit dem Wolf. „Ich bin nur ein kleiner brauner Vogel", sagte er. „Alle sagen, ich wäre gewöhnlich und langweilig, aber ich werde dir helfen, wenn ich kann."

Der Vogel flog hinunter und pickte vorsichtig den getrockneten Schlamm von den Augen des Wolfs, bis er sie öffnen konnte.

„Danke!", sagte der Wolf. „Aber nun lass mich auch etwas für dich tun. Bitte folge mir."

Der Wolf führte den Vogel zu einem Felsen, der rote Farbe absonderte. Er nahm einen Zweig und kaute an einem Ende, bis es ausgefranst war wie ein Pinsel. Dann tunkte er ihn in die rote Farbe und verlieh den braunen Federn des Vogels ein leuchtendes Rot.

„Von nun an wirst du zu Ehren deines herrlich roten Gefieders Kardinal genannt werden", sagte der Wolf.

Der Vogel war sehr stolz auf sein neues Gefieder – jetzt konnte ihn niemand mehr gewöhnlich und langweilig nennen.

Und so kam der Kardinalvogel zu seiner Farbe.

Die Insektenparade

Die Bienen fliegen fleißig umher
und sammeln beständig Pollen.
Sie sammeln und sammeln immer mehr,
weil sie Honig draus machen wollen.

Die Ameisen laufen fleißig durchs Gras,
denn Vorräte sammeln macht ihnen Spaß.
Und ich lieg hier in der Sonne und denk:
Diese Insektenparade, die hat was!

Ein Ziegenbock

Ein Ziegenbock mit Namen Kurt,
dem ständig nur der Magen knurrt,
steht auf dem Hof von Bauer Knut,
der seinen Tiern nur Gutes tut.

So wächst der Kurt auch schnell heran
vom kleinen Bock zum Ziegenmann
und hat dem Knut, der dies sehr ehrt,
so manches Zicklein schon beschert.

Der Kurt ist auch ein kleiner Schelm,
zum Kämpfen braucht er keinen Helm.
Mit seinen Hörnern fesch und stolz,
bricht er schon mal durchs Unterholz.

Doch Kurtchen ist auch sehr galant
und auf den Höfen wohlbekannt,
wo heut so mancher Bauer knurrt,
das Zicklein schaut so aus wie Kurt.

Der kleine Drache geht zur Schule

Der kleine Drache hüpfte aus dem Bett. Heute war sein erster Schultag! Deshalb war er ein wenig aufgeregt. Er frühstückte, wusch sich und putzte sich die Zähne.

Die Schule war sehr groß, und der kleine Drache fühlte sich sehr klein. Da sah er seine besten Freunde, Prinz Pip und Prinzessin Pippa.

„Hallo!", rief er. „Ich bin's!"

„Stell dich hinten an!", sagte der kleine Baron Boris schroff.

Als die Schulglocke läutete, gingen sie alle hinein. Drinnen gab es für jeden einen Haken mit einem Bild darüber. Dem kleinen Drachen gefiel der Haken mit dem Schwein.

„Das ist mein Haken!", sagte Boris. „Such dir einen eigenen!"

Da hängte der kleine Drache seine Tasche an den Haken mit der Spinne. Alle setzten sich im Kreis, und die Lehrerin, Frau Pflaume, rief ihre Namen auf.

„Kleiner Drache?", fragte sie.

„Das bin ich!", rief der kleine Drache. Alle kicherten. Frau Pflaume zeigte ihnen, wie jeder seinen Namen schreiben konnte.

Der kleine Drache geht zur Schule

Der kleine Drache gab sich Mühe ... aber das war **gar nicht so einfach!**

Bald war Mittagspause. „Ich habe mein Essen vergessen!", sagte der kleine Drache.

„Du kannst bei uns mitessen, wir haben genug!", sagten Pip und Pippa.

„Du kannst meine scheußlichen sauren Gurken haben", sagte Boris.

Nach dem Essen war Malunterricht. Prinz Pip malte einen Tiger. Prinzessin Pippa malte eine Blume. Der kleine Drache malte Boris' Hinterteil an und ein rosa Schwein!

Danach wuschen sich alle die Hände und setzten sich hin. Frau Pflaume las ihnen eine lustige Geschichte über einen großen bösen Troll und eine schlaue Ziege vor. Der kleine Drache war glücklich – aber auch müde.

Schon war es Zeit, nach Hause zu gehen. Der kleine Drache holte seine Tasche vom Haken mit der Spinne, sagte Frau Pflaume Auf Wiedersehen und ging hinaus. Dann fing er an zu weinen.

„Ich wünschte, ich könnte morgen wieder in die Schule gehen", schniefte er.

„Aber das kannst du doch!", sagte Pippa. „Jeden Tag, außer in den Ferien!"

„**Jippieh!**", rief der kleine Drache. „Schule ist toll!"

Die Schwalbe und die Krähe

Eines Tages landete eine junge Schwalbe auf dem Ast neben der alten weisen Krähe. Die Schwalbe sah die Krähe hochmütig an: "Deine Federn sind ja ganz stumpf, du solltest mehr auf dich **achten**."

Die alte Krähe war über die **Unhöflichkeit** der jungen Schwalbe so erbost, dass sie schon empört fortfliegen wollte, als die Schwalbe fortfuhr: "Sieh dir nur meine leuchtenden, weichen Federn an. So sollten die Federn eines **gut gepflegten** Vogels aussehen. Diese steifen schwarzen Dinger, die du da hast, sind abstoßend."

"Deine weichen Federn mögen ja im Frühjahr und im Sommer etwas taugen", antwortete die Krähe, "aber ich kann mich nicht erinnern, einen von euch hier schon einmal im Winter gesehen zu haben, wenn die Bäume noch voller reifer Beeren sind. Der Winter ist meine liebste Jahreszeit, und ich bin dankbar für meine festen, steifen Federn. Sie halten mich warm und trocken. Was taugt dein schickes Gefieder da schon?

Äsops Moral: Gut-Wetter-Freunde taugen nicht viel.

Die Ameise und die Taube

Eines Morgens krabbelte eine durstige Ameise das Flussufer hinunter, um zu trinken. Da kam ein Boot vorbei, das große Wellen machte. Die Wellen spülten die arme Ameise ins Wasser und trugen sie flussabwärts davon.

Glücklicherweise saß eine freundliche Taube in einem Baum am Flussufer, die alles beobachtet hatte. Schnell ließ sie nahe der Ameise ein Blatt ins Wasser fallen. Die Ameise kletterte darauf und ließ sich zurück ans Ufer treiben.

Ein wenig später sah die Ameise, die zum Trocknen in der Sonne saß, wie ein Vogelfänger mit seinem Netz an den Fluss kam. Ganz langsam schlich er sich an den Baum heran, in dem die Taube saß, um sie zu fangen. Die Ameise wollte der freundlichen Taube unbedingt helfen, da sie ihr das Leben gerettet hatte. Also biss sie dem Vogelfänger in den Fuß.

„Aua!", rief der Mann laut. Die Taube flog erschreckt auf und entkam so dem Netz des Vogelfängers!

Äsops Moral: Eine Hand wäscht die andere.

Am Meeresgrund

Am Meeresgrund, am Meeresgrund,
da lebt es sich doch sehr gesund.
Die Fische ziehen weit umher
und freuen sich des Lebens sehr.
Die Krabbe winkt mit einer Schere
und kommt dem Seestern in die Quere,
der gerade ein neues Zuhause sucht –
am Riff hat er einen Platz gebucht.
Der Seeigel rollt am Grund sich ein,
er möchte heut gestört nicht sein.

Am Meeresgrund

Die Moräne schaut aus ihrem Spalt,
sie findet's drinnen viel zu kalt.
Frau Seepferd ruft nach ihrem Mann,
der heut die Kinder hüten kann.
Seeanemonen wiegen sich
und bitten Gauklerfische nun zu Tisch.
Aus ihren Schalen lugen Muscheln,
die über neueste Mode tuscheln.
So lebt es sich doch sehr gesund
hier unten auf dem Meeresgrund.

Die hungrige Kröte

„Quak!", sagte die Kröte, „Ich mag nicht mehr warten,
ich hüpfe jetzt mal zum Gemüsegarten.
Dort werd ich mich im Beet verstecken
und lass mir die feinen Schnecken schmecken."

Im Zoo

Viele Tiere leben im Zoo,
doch in keinem lebt ein Kakapo.
Ich sah Giraffen mit langen Beinen,
die lebten gleich neben den Pinselohrschweinen.
Ich sah den Löwen mit seiner Mähne
und auch das Zebra mit schwarz-weißer Strähne.
Nur nirgendwo, in keinem Zoo,
sah ich jemals einen Kakapo.

Winnie hatte mal ein Schwein

Winnie hatte mal ein Schwein,
das wollte gut gefüttert sein.
Da wurde größer es als groß,
passte nicht mehr auf seinen Schoß.
So brachte Winnie es zum Bauern.
Im Gärtchen wird es nicht versauern.

Schmetterling, Schmetterling

„Schmetterling, Schmetterling,
wo willst du nur hin?"
„Wo die Sonne scheint
und ich glücklich bin!"

Wo lebt ihr?

Krähe, Krähe, wo bist du zu finden?
Auf dem Feld, gleich hinter den Linden.
Pferdchen, Pferdchen, wo kann ich dich sehen?
Im Pferdestall, wo alle Pferde stehen.
Vöglein, Vöglein, wo kann ich dich schaun?
In meinem Nest, ganz oben im Baum.
Hündchen, Hündchen, bleibst du bei mir?
Ja, ich wache hier, gleich bei der Tür.

Die Spatzenbande

Die Spatzenbande spielt im Baum.
Sie ist so laut, man glaubt es kaum.
Spatzen flattern auf und ab
und halten jedermann auf Trab.
Das Taubenpaar fühlt sich gestört
und zeigt sich immer mehr empört.
Es ruft den lauten Spatzen zu:
„Haltet doch mal Mittagsruh!"

Das ist nicht mein Papa

Papa und Petter wollten auf dem Eis schlittern gehen und den Pinguinen beim Schwimmen zusehen.

„Komm, Papa", rief Petter, „lass uns die Rutsche mal ausprobieren, am besten wir schlittern auf allen vieren."

„Na, gut", sagte Papa, „aber nur ein paar Runden.", Doch nach der ersten Partie war er plötzlich verschwunden.

„Wo bist du nur, Papa?", rief Petter ganz laut.

„Du suchst deinen Papa?", fragte Papageientaucher. „Na, dann sei nicht verzagt. Ist das nicht sein Rücken, der dort hinterm Felsen aufragt?"

Ganz allein kletterte Petter hinauf auf den Fels und rief erfreut: „Ja, ich seh seinen Pelz!"

Doch es war nur Walross.

„Das ist nicht mein Papa!", rief Petter.

„Du suchst deinen Papa?", meinte Walross. „Dann musst du hinunterklimmen. Ich seh ihn dort im Wasser schwimmen."

Da stieg Petter herunter und schob ganz gewandt seinen Kopf weit hinaus über des Eises Rand.

Das ist nicht mein Papa

„Oh, danke, liebes Walross, jetzt muss ich schnell gehen, ich hab sein Fell im Wasser gesehen."

Aber das war nur Robbe.

„Das ist nicht mein Papa!", rief Petter.

„Du suchst deinen Papa?", fragte Robbe. „Dann folge dem Klingen. Hörst du ihn nicht im Wasser singen?"

Petter sprang ins Wasser vor lauter Glück, er tauchte zum Ufer und wieder zurück.

„Da hinten, da schwimmt er", dachte Petter gebannt. „Ich glaube, ich hab schon sein Lied erkannt."

Doch es war nur Wal.

„Das ist nicht mein Papa!", rief Petter.

„Du sucht deinen Papa?", staunte Wal. „Ach, hab nur Vertrauen. Du solltest einmal dort beim Eisloch schauen."

Da tauchte Petter unter der Eisdecke her, paddelte mit den Pfoten, das fiel ihm nicht schwer.

Durchs Eisloch sah er die Nase von einem Tier. Er freute sich: „Das ist er! Wahrscheinlich sucht er nach mir."

Aber es war nur Fuchs.

„Das ist nicht mein Papa!", rief Petter.

Das ist nicht mein Papa

„Du sucht deinen Papa?", fragte Fuchs. „Na, dann frage mich doch. Dort oben auf der Wehe gräbt er im Schnee ein Loch."

Immer dichter fiel der Schnee vom Himmel hinab, doch Petter bestieg den Hügel im Trab.

Petter sagte: „Fuchs, ich danke dir! Du hattest recht, mein Papa ist wirklich hier."

Aber es war nur Hase.

„Das ist nicht mein Papa!", rief Petter.

Da sagte Hase: „Du suchst deinen Papa? Na, dann sei nicht bang, ich seh ihn doch stehen dort unten am Hang."

Da sprang Petter den Hang wieder runter, von Weiten schon rief er froh und munter:

„Hallo, Papa, wie schön dich zu sehen. Du Armer musst ja schon lange hier stehen."

Aber es war nicht sein Papa.

Das ist nicht mein Papa

„Das ist nicht mein Papa!", rief Petter.

Der Papageientaucher sprach: „Petter, verzweifle nicht. Schau dem Schneebären lieber genau ins Gesicht. Den hat dein Papa so hingebaut, dass er genau zu eurer Höhle hinschaut."

Da tönte ein Grollen übers Eis, das jeder am Pol zu deuten weiß.

Alle Tiere liefen wie eine Herde zu dem Ort, wo das Schnarchen drang aus der Erde.

„Das ist mein Papa!", rief Petter.

Da endlich war Petter nicht mehr allein und rollte sich mit seinem Papa in der Höhle ein.

Der undankbare Tiger

Ein Dorf wurde einst immer wieder von Tigern heimgesucht. Die Kinder konnten nicht draußen spielen, und niemand wagte sich vor die Tür. Als es den Dorfbewohnern zu viel wurde, hoben sie eine Grube aus, um die Tiger zu fangen.

Eines Tages hörte ein Mann unterwegs zu diesem Dorf ein tiefes Knurren, das aus dem Boden kam. Er ging dem Laut nach und fand einen Tiger in einer Grube.

„Was machst du da unten?", fragte der Mann den Tiger.

„Ich sitze fest", antwortete der Tiger. „Ich lief so vor mich hin, als ich plötzlich in dieses Loch gefallen bin, und nun komme ich nicht mehr heraus. Ich habe Hunger und Durst! Bitte, hilf mir."

„Aber wenn ich dir helfe, wirst du mich fressen", sagte der Mann. „Du sagst ja selbst, du bist hungrig."

„Nein, das werde ich nicht tun. Ich werde dir sehr dankbar sein", antwortete der Tiger.

Der Mann hasste es, Tiere leiden zu sehen, und so nahm er einen dicken Ast und zog den Tiger aus dem Loch.

Als der Tiger herausgeklettert war, ging der Mann weiter seines Weges.

Plötzlich spürte er den heißen Atem des Tigers in seinem Nacken.

Der undankbare Tiger

„Was tust du da?", schrie der Mann.

„Ich werde dich fressen!", antwortete der Tiger.

„Das ist nicht f-f-fair", stotterte der Mann. „Ich dachte, du seist dankbar!"

„Das bin ich auch", antwortete der Tiger. „Aber Menschen haben diese Falle gebaut, und du bist ein Mensch. Deshalb werde ich dich fressen."

„Lass uns jemand anderes um Rat fragen, ob das wirklich fair ist", 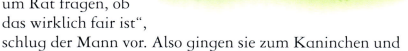 schlug der Mann vor. Also gingen sie zum Kaninchen und erzählten ihm ihre Geschichte.

„Erklärt mir genau, was passiert ist", schlug das Kaninchen vor. Und so gingen sie zurück zu der Grube.

„Nun zeig dem Kaninchen, wo du warst", sagte der Mann zum Tiger. Da sprang der Tiger wieder hinunter.

„Nun wiederhole, was du gesagt hast", sagte der Mann, und der Tiger tat es.

Das Kaninchen hörte gut zu. Als der Tiger fertig war, sagte es: „Meiner Meinung nach ist es nicht fair, diesen Mann zu fressen. Er hat das Loch schließlich nicht gegraben! Du solltest für seine Hilfe dankbar sein."

„In Ordnung", antwortete der Tiger. „Ich verspreche, ihn nicht zu fressen. Helft ihr mir jetzt wieder aus dem Loch heraus?"

Das Kaninchen und der Mann aber schüttelten den Kopf. Woher sollten sie wissen, ob der Tiger diesmal die Wahrheit sagte?

Die Hähne krähen

Die Hähne krähen früh am Morgen
und haben sonst gar keine Sorgen.
Sie sagen, wann wir uns erheben
und können dann zur Ruh sich legen.
Nur für uns gilt, dass, wer sich regt
und früh sich aus dem Bett bewegt,
ein reiches Leben führen kann.
Die Hähne geht das gar nichts an.

Brumm und Summ

Brumm macht die Hummel
und Summ das Bienchen,
und ein Liedchen singt
das kleine Kathrinchen.

Kannst du leise schleichen?

Kannst du leise schleichen
wie meine süße Katz,
und kannst du so weit springen
in einem großen Satz?
Kannst du so leise summen,
wie sie mir schnurrt ins Ohr,
und auch gut Mäuse fangen?
Dann stell dich bei mir vor!

Verliebter Frosch

Sein Herz, das hat der Frosch verloren
und die Frau Maus sich auserkoren.
Drum zog er mit dem größten Strauß
der schönsten Blumen vor ihr Haus.
Dort ging der Frosch tief in die Knie
und sprach: „Frau Maus, ich liebe Sie!
Oh, bitte, werden Sie doch meine Frau,
ich versprech, dass ich ein Häuschen bau!"

Der Spatz

Der Spatz, der ist im Morgengrauen
schon aufgestanden, um zu kauen
sein Frühstück, um dann herzuspringen
und unterm Fenster laut zu singen.
Er singt die allerschönsten Lieder
und plustert dabei sein feines Gefieder.
Und denk ich, nun, das war's jetzt bald,
das nächste Liedchen schon erschallt.

Die kleine Katze

Die kleine Katze der alten Frau Proß,
die schlief so gerne auf ihrem Schoß.
Nur wenn das Essen kam auf den Tisch,
sprang sie herab und bekam dafür Fisch.

Grazie Nilpferd

Grazie Nilpferd liebte es, im See herumzuplanschen, wo die Flamingos umherstolzierten. Sie waren so wunderschön. Grazie rollte sich auf den Rücken, um sie besser sehen zu können.

„He! Pass auf!", riefen sie, als Grazie ihnen eine kalte Dusche verpasste.

„Tut mir leid!", sagte Grazie und ließ den Kopf hängen. Es war ihr so peinlich, dass sie aus dem Wasser stieg und davonschlich. „Ich wünschte, ich könnte mich so elegant wie die Flamingos bewegen", dachte sie. „Ich bin so ungeschickt! Wie konnten mich Papa und Mama nur Grazie nennen!"

Sie lief traurig am Fluss entlang und sah das Krokodil nicht, das in der Sonne döste.

„Aua!", schrie das Krokodil, als Grazie auf seinen Schwanz trat. „Pass doch auf, wo du hintrittst!"

„Es tut mir leid", sagte Grazie und wurde rot.

Grazie ging weiter, um etwas Gras zu fressen. Sie riss ein großes Büschel ab und begann, genüsslich zu kauen. Anschließend leckte sie sich das Maul … und rülpste!

„Also, bitte!", sagte das Zebra empört, das in der Nähe graste. „Hat man dir keine Manieren beigebracht?"

„Es tut mir leid", sagte Grazie. „Das ist mir einfach so rausgerutscht!"

Grazie Nilpferd

Grazie beschloss, laufen zu gehen. Sie mochte zwar rund sein, aber das Laufen machte ihr Spaß – bis plötzlich das Erdmännchen den Kopf aus seinem Bau streckte.

„He, du Tölpel!", brüllte es. „Pass doch auf! Bei der Trampelei stürzt ja mein Bau ein."

„Entschuldigung!", sagte Grazie verlegen.

Sie ließ sich unter der hohen Akazie nieder, um nachzudenken. Dabei bemerkte sie nicht, dass der Ameisenbär dort schon saß. Er schrie laut auf.

„Aua!", kreischte er. „Steh auf, du sitzt auf meinem Kopf!"

„Oh, Entschuldigung!", sagte Grazie. „Ich bin so ungeschickt. Ich glaube, ich gehe heute besser allen aus dem Weg."

Traurig trabte sie zurück in den See, sank auf den Grund und paddelte davon. Bald glitt sie sanft durch das Wasser und fühlte sich gleich viel besser. Ein vorüberschwimmender Fisch winkte ihr zu. Eine Schildkröte kam vorbei, und sie spielten gemeinsam Fangen. Da lächelte Grazie wieder. Jetzt konnte sie sich denken, warum Mama und Papa sie Grazie genannt hatten. Denn im Wasser war sie weder ungeschickt noch tölpelhaft. Hier war sie eine wahre Grazie!

Vier kleine Vöglein

Vier kleine Vöglein sitzen auf der Stange.
Das erste ruft, die Katze kommt.
Da zittern alle bange.
Das zweite meint, das ist der Hund,
die Katze ist doch nicht gesund.
Da lachten sie noch lange.
Das dritte spricht, mir ist es kalt,
kommt lasst uns von hier flüchten
und irgendwo im heißen Süden Apfelwürmer züchten.
Der vierte Vogel, der bleibt stumm,
das Ganze ist ihm doch zu dumm.
Er hält nichts von Gerüchten.

Armes Hündchen Wau

Armes Hündchen Wau
hat mit der Katze oft Radau.
Rennt schnell weg, so gut er kann,
armer kleiner Hundemann.

Armes Kätzchen Mau
hat mit dem Hündchen oft Radau.
Rennt weg, so schnell die Beine tragen.
Man muss schon immer beide fragen!

Die Hummel

Die Hummel ist ein kleines Tier,
mal fliegt sie dort, mal fliegt sie hier.
Sie brummt dabei im tiefen Bass
und schwebt ganz munter durch das Gras.
Schwarz-gelb geringelt ist ihr Bauch,
da kommt sie schon, siehst du sie auch?

Die Hummel sammelt Nektar ein,
von bunten Wiesen, Wald und Hain.
Dann trägt sie ihn ganz schnell nach Haus,
und macht sich süßen Honig draus.
Was sie auch tut, sie ist nicht stumm,
sie singt beständig: Brumm! Brumm! Brumm!

Der Kuckuck

Der Kuckuck ist ein guter Sänger,
säng er zu zweit, noch besser kläng er.
Gute Botschaft bringt er gern,
bringt sie von nah und auch von fern.

Tätig ist er im Nachrichtenwesen,
drum bleibt keine Zeit ihm fürs Ei.
Er bringt es, ohne Federlesen,
ganz einfach anderen Eltern vorbei.

Moglis Lektion

Es geschah in den Tagen, als Balu seinem Menschenjungen das Gesetz des Dschungels lehrte. Mogli musste sich eine Menge merken, und bald verwechselte er einiges. Als Balu ihm eine leichte Ohrfeige gab, versteckte sich Mogli auf einem Baum.

„Er ist noch so klein", sagte Baghira, der schwarze Panther, zu Balu. „Du verlangst zu viel von ihm."

„Ein Menschenjunges ist nun mal ein Menschenjunges und muss alle Gesetze des Dschungels kennen", antwortete Balu. „Gibt es im Dschungel etwa irgendetwas, das zu klein wäre, um gejagt zu werden? Gewiss nicht! Deshalb trichtere ich ihm diese Dinge ein, und deshalb kriegt er ganz sanft meine Tatze zu spüren, wenn er etwas vergisst."

„Sanft! Was verstehst du denn von Sanftheit, du alter Eisenfuß!", grollte Baghira.

„Besser, es tut ihm jetzt etwas weh, als dass ihn später seine Unwissenheit teuer zu stehen kommt", antwortete Balu mit ernster Miene. „Ich bringe ihm gerade die Meisterworte bei, die ihn gegen die Kreaturen des Dschungels schützen. Wenn er die Worte behält, kann er bei allen Dschungelbewohnern Schutz finden. Ist das nicht hin und wieder einen Tatzenschlag wert? Ich werde Mogli rufen, und er soll sie aufsagen. Komm mal her, kleiner Bruder!"

Mowglis Lektion

„Mein Kopf brummt wie ein Bienenschwarm", tönte eine mürrische Stimme über ihren Köpfen; kurz darauf glitt Mogli am Baumstamm herunter und sagte trotzig: „Ich komme nur Baghira zuliebe und nicht deinetwegen, alter, fetter Balu!"

Balu war ein wenig verärgert, weil er das Menschenkind sehr gern hatte. „Sag deinem lieben Baghira die **Meisterworte** auf, die du heute gelernt hast."

„Für welches Volk?", fragte Mogli, erfreut darüber, mit seinem Wissen glänzen zu können. „Der Dschungel kennt viele Sprachen. Ich kenne sie alle!" Dann sagte er die Meisterworte der Säugetiere, der Vögel und der Schlangen auf. Als er fertig war, klatschte er mit den Händen und schnitt eine Grimasse.

„Ich werde eines Tages mein eigenes Volk haben und es durch die Baumkronen führen! Und dann werfe ich Nüsse und Moos auf den alten Balu herab!", sang Mogli.

„Mogli!", brummte Balu. „Du hast mit dem Affenvolk gesprochen! Sie sind böse!"

Mogli schielte zu Baghira hinüber, um zu sehen, ob der Panther auch zornig war; Baghiras Miene war kalt wie Eis. „Als Balu mich geschlagen hat", sagte Mogli, „bin ich fortgerannt, und die Affen kamen von den Bäumen, um mich zu trösten. Niemand anders hatte Mitleid mit mir." Seine Stimme klang unsicher.

„Sie haben keinen Führer!", rief Baghira. „Sie lügen! Sie haben immer gelogen!"

„Ich mag sie. Sie spielen den ganzen Tag", schmollte Mogli.

Mowglis Lektion

„Hör auf mich, Menschenkind", sagte der Bär, und seine Stimme rollte wie der Donner. „Die Affen haben kein Gesetz. Sie sind entrechtet, alle zusammen. Sie prahlen und schwatzen und machen viel Geschrei. Wir wollen nichts mit ihnen zu tun haben."

Balu hatte kaum aufgehört zu sprechen, als ein wahrer Regen von Nüssen und Zweigen aus den Baumkronen herabprasselte. Man hörte das heisere, böse Bellen und Husten des Affenvolkes oben in den Wipfeln.

Einem von ihnen war ein glänzender Gedanke gekommen, und er beeilte sich, laut auszuposaunen, dass Mogli sehr nützlich für den Stamm sein könnte, denn er könne Zweige als Schutz gegen den Wind zusammenflechten.

Die Affen warteten, bis Balu, Baghira und Mogli eingeschlafen waren, dann packten sie sich den Jungen und schwangen ihn durch die Baumwipfel.

Mogli war schwindelig und übel, als er so durch das Astgewirr geschleudert wurde. Er musste Balu und Baghira eine Nachricht übermitteln, denn es war dem Panther und Bären unmöglich, Schritt zu halten. Er sah Chil, den Geier, der über ihm kreiste. „**Du und ich und ich und du, wir sind von gleichem Blut!**", rief Mogli. „Sag Balu und Baghira, dass ich hier vorbeigekommen bin!"

Mittlerweile folgten Balu und Baghira unten im Dschungel langsam der Affenbande. Sie begegneten Kaa, der Schlange.

Mowglis Lektion

„Wonach jagt ihr?", zischte sie.

„Wir verfolgen das Affenvolk, das Mogli entführt hat", erklärte Balu.

„Geschwätzig, dumm, eitel – das sind diese Affen", sagte Kaa. „Ich werde euch helfen."

Da ertönte von oben ein Ruf. Es war Chil, der den Bären entdeckt hatte. „Mogli bat mich, euch die Botschaft zu bringen. Sie haben ihn zur Affenstadt geschleppt", erklärte der Geier.

„Danke, vielen Dank", rief Balu zurück.

„Kommt", sagte Baghira, „wir müssen weiter."

Inzwischen war das Affenvolk in der Ruinenstadt angekommen. Die Affen bildeten einen Kreis um Mogli und prahlten, wie großartig sie wären. Da kam Baghira herbeigerannt. Der Panther stürzte sich auf die Affen, doch es waren zu viele, und Baghira kämpfte bald auf Leben und Tod.

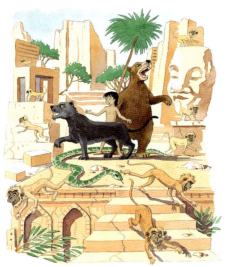

„Roll dich in das Wasserbecken!", rief Mogli. „Sie werden dir nicht folgen!"

Baghira nahm seine ganze Kraft zusammen und sprang ins Wasser. In diesem Augenblick erschien auch Balu und nahm den Kampf auf. Und auch Kaa erschien. Alle Affen hatten Angst vor der Schlange und flohen.

So wurde Mogli aus den Klauen des Affenvolks befreit. Und von nun an hörte Mogli auf das, was Balu ihm sagte.

Acht Arme hat der Oktopus

Acht Arme hat der Oktopus,
weil er so viele haben muss.
Eins, zwei, drei, vier, fünf, sechs, sieben …
wo ist der achte Arm geblieben?
„Herr Oktopus, wo ist Ihr Arm?"
„Den halt ich in den Krabbenschwarm …
das Frühstück für meine Lieben."

Ein Fischlein möcht ich sein

Ein Fischlein möcht ich sein,
dann wär ich nie allein.
Ich lebte stets im großen Schwarm
und wäre weder reich noch arm.
Ja, ein Fischlein möcht ich sein.
Ich wär so gern ein Fisch,
dann müsst ich nie zu Tisch.
Mein Essen käme selbst zu mir,
mal wär es Alge, mal ein Tier.
Ach, wie gern wär ich ein Fisch.

Austern

Austern schwimmen,
man glaubt es kaum,
indem sie beständig
die Haustür zuhaun.

Der Wal

Der Wal kann wirklich herrlich singen
und hoch sich aus dem Wasser schwingen,
und pustet er Wasser – ungelogen –,
siehst du die Farben des Regenbogen.

Zehn weiße Möwen

Zehn weiße Möwen saßen einst am Strand,
denn eine große Sehnsucht sie verband.
Sie wollten gern in der Scala singen,
im fernen Mailand es zu etwas bringen.
So sind sie bald gezogen gen Süden
aus ihrer Heimat nördlich von Rügen.
Und haben wirklich, das ist doch gelacht,
als „Die Zehn Tenöre" Karriere gemacht.

Der Pinguin

Er ist zwar ein Vogel, kann aber nicht fliegen,
doch im Wasser kannst du ihn nicht kriegen:
Ein wirklich eleganter Schwimmer ist er
und doppelt so schnell wie die Feuerwehr.

Der kleine Pinguin und seine Freunde

Der kleine Pinguin hatte niemanden zum Spielen. und ihm war langweilig.

„Warum baust du nicht einmal eine Schneehöhle?", schlug Mama Pinguin vor.

Also schaufelte der kleine Pinguin mit seinen Flügeln so viel Schnee herbei, wie er konnte. Allein war das ganz schön anstrengend. Aber er machte weiter, bis er einen großen Haufen Schnee aufgetürmt hatte.

Inzwischen war er sehr müde und wollte gerade schon aufgeben, als ein kleiner Eisbär vorbeikam.

„Was machst du da?", fragte der kleine Eisbär neugierig.

„Ich baue eine Schneehöhle", antwortete der kleine Pinguin. „Aber meine Flügel sind etwas zu klein, und ich werde langsam müde."

„Kann ich helfen?", fragte der Eisbär. „Mit meinen Tatzen kann ich gut im Schnee graben." Da grub der kleine Eisbär mit seinen großen Tatzen, und der kleine Pinguin half ihm. Das war sehr anstrengend, aber sie machten weiter, bis sie eine große Höhle gegraben hatten.

Da kam ein kleiner Seehund vorbei.

Der kleine Pinguin und seine Freunde

„Das sieht spaßig aus. Darf ich mitmachen?", fragte er. „Mit meinen Flossen kann ich gut Schnee festklopfen."

So klopfte der kleine Seehund den Schnee fest, bis er glänzte, und der kleine Pinguin und der kleine Eisbär machten mit. Das war sehr anstrengend, aber sie hörten erst auf, als die ganze Höhle glänzte.

Da kam ein kleiner Fuchs vorbei und bewunderte ihr großes Bauwerk.

„Soll ich die Höhle mit meinem Schwanz ausfegen?", bot er an und fegte die Höhle aus, bis sie sauber war.

Endlich war die Schneehöhle des kleinen Pinguins fertig.

„Und was jetzt?", fragten seine neuen Freunde.

„Na, jetzt spielen wir in der Höhle!", lachte der kleine Pinguin begeistert.

„Sie hat genau die richtige Größe für vier Freunde."

Flori Fuchs

Flori hatte Hunger. Sein Magen knurrte laut. Er konnte Mama in der Küche hören, und der herrliche Duft von frisch gebackenem Kuchen kitzelte seine Nase.

„Lecker!", dachte Flori und lief in die Küche – dort räumte Mama gerade auf.

„Kann ich dir helfen?", fragte er. „Ich könnte eines dieser Törtchen für dich probieren."

„Ach, wirklich?", sagte Mama lächelnd.

Flori meinte: „Niemand backt so gut wie du!"

Flori hatte Langeweile. Er drehte Däumchen und wackelte mit den Zehen. Keiner seiner Freunde hatte Zeit. Da schlich er ins Wohnzimmer – dort las Mama gerade ein Buch.

„Möchtest du etwas Spannenderes lesen?", fragte Flori. „Ich kann dir eine tolle Geschichte heraussuchen."

„Ach, wirklich?", sagte Mama lächelnd.

Flori meinte: „Niemand kann so schön vorlesen wie du."

Flori war verärgert. Er versuchte, ein Modellauto zusammenzubauen, aber es klappte nicht. Da hatte er eine Idee. Er lief in den Garten – dort grub Mama gerade ein Beet um.

„Möchtest du nicht vielleicht lieber etwas tun, was Spaß macht?", fragte er.

Flori Fuchs

„Wir könnten gemeinsam ein Modellauto bauen."

„**Ach, wirklich?**", sagte Mama lächelnd.

Flori meinte: „Mit niemandem spiele ich so gern wie mit dir!"

Es war Schlafenszeit, und Mama brachte Flori ins Bett. Aber Flori hatte Angst vor den Schatten, die über die Wände huschten, und es war so still. Da hatte er eine Idee. Er lief aus seinem Zimmer zu Mama und kroch in ihr Bett.

„Möchtest du kuscheln?", fragte Flori. „Ich kann richtig gut kuscheln!"

„**Ach, wirklich?**", fragte Mama lächelnd.

Flori gähnte: „Niemand kuschelt so schön wie du!"

„**Ach, meinst du wirklich?**", sagte Mama. „Na, bestimmt hat dich ja auch keiner so lieb wie ich. Denn du bist etwas **ganz Besonderes!**"

Der Lemurentanz

Lorenz Lemur hatte ein Geheimnis: Er tanzte unheimlich gern. Aber keiner der anderen Lemuren sollte es wissen, denn er war sehr schüchtern. Er ging nie mit den anderen zum Planschen an den Fluss und spielte auch nie mit Verstecken. Und wenn die Lemuren ein Tanzfest veranstalteten, lief er weg und versteckte sich.

Eines Tages, als die anderen Lemuren im Wald spielten, ging Lorenz auf die Lichtung und wiegte sich hin und her. Er schloss die Augen und drehte sich. Dann begann er zu summen, sprang in die Luft und wirbelte immer weiter herum. Er genoss das Tanzen so sehr, dass er nicht bemerkte, dass die anderen zurückkamen. Doch als er die Augen öffnete und sie sah, erstarrte er!

„Hör nicht auf!", rief Melanie Lemur und ergriff seine Hand. **„Du bist ein toller Tänzer!"**

„Oh!", dachte Lorenz, als er sich mit Melanie weiterdrehte. „Mit anderen Lemuren zu tanzen ist gar nicht so schlimm. Es macht sogar noch mehr Spaß als allein!"

Von diesem Tag an spielte und tanzte Lorenz mit den anderen Lemuren und war überhaupt nicht mehr schüchtern.

SCHHH!

Eines Morgens war der Löwe sehr müde und wollte ein Nickerchen machen. Er war gerade eingedöst, da kreischte der Affe.

„Schhh!", brüllte der Löwe erbost. „Kann man nicht mal seine Ruhe haben?" Der Affe schlich davon, und der Löwe schloss wieder die Augen.

Er hatte gerade zu schnarchen begonnen, da trampelte der Elefant vorüber.

„Schhh!", schrie der Löwe wütend. „Kann man nicht mal etwas Ruhe haben?" „Entschuldige!", flüsterte der Elefant.

Plötzlich hörte man ein Zischeln, und die Schlange glitt vorbei.

„Schhh!", brüllte der Löwe außer sich. „Kann man nicht mal etwas Ruhe haben?" „Ent-s-s-suldige!", zischelte die Schlange.

Der Löwe schloss wieder die Augen, aber er war inzwischen viel zu wütend, um schlafen zu können.

„Was du brauchst, ist das Schlaflied des Dschungels", quiekte da eine kleine Maus. „Lausche dem Flüstern des Windes und dem Plätschern des Wassers am Wasserloch. Hör zu, wie die Grillen im hohen Gras singen. Das ist das Schlaflied des Dschungels! Kannst du es hören?"

Der Löwe antwortete nicht, denn er war eingeschlafen. Schhh!

Der kleine Delfin

Der kleine Delfin war sehr freundlich und besuchte gern seine Freunde. Aber manchmal wurde er dann ein wenig traurig.

„Alle können etwas Besonderes", dachte er. „Nur ich bin ein langweiliger Delfin. Ich wünschte, ich wäre wie die anderen."

Eines Morgens traf sich der kleine Delfin wieder einmal mit seinen Freunden. Und wieder konnte er sie nur bewundern. Der Oktopus war erstaunlich. Er konnte gleichzeitig mit Seeigeln jonglieren und die Fische kitzeln. Und er konnte mit sieben Tentakeln Algen ernten und ihm mit dem achten die Hand schütteln.

„Ich wünschte, ich hätte auch Tentakel, so wie du, Oktopus", seufzte der keine Delfin. „Dann könnte ich mehrere Dinge gleichzeitig tun."

Der Oktopus wurde rot und meinte: „Sei doch nicht albern!"

„Ich bin eben albern", meinte der Delfin betrübt. Dann sah er die Krabbe an.

Sie hatte zwei große Scheren, mit denen sie greifen

Der kleine Delfin

konnte, und kleine Beine, auf denen sie behände durch den Sand lief. Sie konnte sogar seitlich über den Meeresgrund laufen.

„Ich wünschte, ich hätte auch Scheren", seufzte der Delfin traurig.

„Ich habe auch keine Scheren", sagte die Wasserschildkröte, um den Delfin aufzuheitern.

„Nein", sagte der Delfin. „Aber du hast Flossen, mit denen du durchs Wasser gleiten kannst. Ich aber kann nichts Besonderes!"

„Was redest du denn da?", rief die Schildkröte verblüfft.

„Aber natürlich kannst du das", fügte der Oktopus hinzu. „Niemand im großen Ozean kann so elegant aus dem Wasser springen wie du!"

Der kleine Delfin dachte einen Moment lang nach, dann breitete sich ein Lächeln auf seinem Gesicht aus.

„Du hast recht", rief er, sprang aus dem Wasser und vollführte einen perfekten Salto.

„Vielleicht ist es doch nicht so schlecht, ein Delfin zu sein. **Kommt, lasst uns spielen!**"

Und genau das taten sie dann auch.

Das Ei

Der kleine Papagei lebte mit seiner Mama und einem großen weißen Ei in einem Nest. Eines Tages sagte Mama Papagei: „Ich gehe Futter suchen. Pass du auf das Ei auf, bis ich wiederkomme."

Der kleine Papagei sah das Ei lange an. Er rückte ein wenig, damit es genug Platz hatte. Er schlang seine Flügelchen um das Ei, damit es warm blieb. Dann gab er ihm einen Kuss. „Ich kann gut auf Eier aufpassen", quiekte er, als ein Schmetterling vorbeiflog.

Genau in dem Moment hörte er die Affen, die in den Bäumen spielten. Der kleine Papagei versuchte, ihre Rufe nachzuahmen. Er sah über den Nestrand und beobachtete sie beim Spielen. Da fiel ihm plötzlich das Ei wieder ein. Er drehte sich um und erschrak. Es war zerbrochen. Mama würde wütend sein!

Aber als Mama wiederkam, war sie überhaupt nicht wütend.

„Nur keine Angst", sagte sie, als ein kleiner Papagei aus dem zerbrochenen Ei hervorlugte. „Dein Schwesterchen schlüpft gerade aus dem Ei. Jetzt hast du jemanden zum Spielen!"

Müffel, das Stinktier

Müffel mag seinen Namen nicht,
denn eigentlich ist er ein gepflegtes Tier.
Er posiert gern vor dem Rosenspalier
und kämmt sein Fell, so schön und dicht.
Müffel liebt Rosen, wenn sie erblühn,
doch sein Name passt so gar nicht zu ihm,
denn meist ist er sauber und reinlich.
Doch manchmal reckt er den Schwanz in die Luft,
und eine Stinktierwolke schnell verpufft.
(Das ist ihm dann stets peinlich.)

Die Schwimmstunde

Die kleine Robbe war sehr aufgeregt. Heute sollte ihre erste Schwimmstunde sein. Sie sah den anderen zu, wie sie ins Wasser glitten. Flupp! Flupp! Flupp!

„Hab keine Angst, es ist herrlich. Spring rein!", rief ihre Schwester.

„Nein danke", sagte die kleine Robbe und rutschte an der Seite über das Eis.

„Halt doch einmal eine Flosse ins Wasser", rief ihre Mutter.

„Oder den Schwanz", rief ihre Schwester.

„Spring einfach", schlug ihr Vater vor.

Die kleine Robbe schloss die Augen und summte, damit sie nichts mehr davon hörte. Schwimmen sah so schwierig aus. Sie war so mit Summen beschäftigt, dass sie nicht merkte, wie das Eis Risse bekam.

„Hilfe!", rief die kleine Robbe, als sie einbrach und unter Wasser gezogen wurde. Blitzschnell schlug sie mit ihren Flossen – und zu ihrer großen Überraschung tauchte sie neben ihrer Mutter wieder auf.

„Siehst du, du kannst schwimmen!", lächelte diese.

„Ja!", lachte die kleine Robbe vergnügt, schlug kurz mit der Schwanzflosse und jagte ihrer Schwester hinterher. „Wenn man weiß, wie es geht, ist Schwimmen ganz einfach", lachte sie.

Ein Haus für Maus

Es war Winter, und die Maus suchte nach einem neuen, warmen Haus. Sie schlich sich in ein Bauernhaus und sah sich um. In der Speisekammer fand sie ein altes Spinnennetz.

„Das ist eine tolle Hängematte", dachte sie und kletterte hinein. Aber das Netz riss, und die Maus landete mit einem Plumps auf der Erde!

Als Nächstes entdecke die Maus an der Hintertür einen Hausschuh.

„Das ist ein perfektes Bettchen", dachte sie. Sie schlüpfte hinein und rollte sich ein. Aber gerade, als sie eingeschlafen war, da kam die Bäuerin und zwängte ihren Fuß in den Hausschuh.

„Aua!", quiekte die Maus und schoss hinaus in die Küche. Dort lag ein flauschig weiches Kissen vor dem Kamin.

„Das ist schon besser", dachte die Maus und kletterte darauf. Doch plötzlich fauchte etwas laut. Das war gar kein Kissen! Das war Murr, der Hofkater.

„Hiiiiiiiiilfe!", rief die Maus und floh in ein Loch in der Wand. Dort wartete sie geduldig, bis Murr endlich ging. Dann sah sie sich um. Das Loch war klein, warm und gemütlich.

„Oh, wie wunderbar!", lächelte die Maus glücklich. „Das ist ein perfektes neues Haus!"

Die Krähe und der Krug

An einem heißen Sommertag suchte eine durstige Krähe etwas zu trinken. Schon seit Monaten hatte es nicht geregnet, und alle Seen und Flüsse waren ausgetrocknet. Da erspähte sie in einem Garten einen Krug mit Wasser und landete. Aber als sie ihren Kopf in den Krug steckte, um zu trinken, stellte sie fest, dass er nur halb voll war, und die Krähe kam nicht an das Wasser heran.

Aber sie war ein schlaues Tier und hatte eine Idee: Sie würde den oberen Teil des Kruges abschlagen, um an das Wasser zu kommen.
Hack! Hack! Hack! – schlug die Krähe mit dem Schnabel gegen den Krug, aber er war zu stabil. Er bekam nicht einmal den kleinsten Riss.

Die Krähe und der Krug

Doch die Krähe gab so schnell nicht auf und heckte einen neuen Plan aus: Sie versuchte, den Krug umzuwerfen. Sie schob und schob, so fest sie nur konnte. Aber der Krug war zu schwer und bewegte sich keinen Millimeter.

Die arme Krähe wusste, dass sie verdursten würde, wenn sie nicht bald etwas trinken konnte. Sie musste einen Weg finden, an das Wasser zu kommen! Als sie sich umsah, bemerkte sie auf dem Pfad einen Kieselstein und hatte eine Idee.

Sie nahm den Stein in den Schnabel und ließ ihn in den Krug fallen. Das Wasser stieg ein wenig an. Daraufhin holte sie einen zweiten Kiesel und warf auch ihn in den Krug. Das Wasser stieg weiter an. Und die Krähe warf immer mehr Kiesel in den Krug, bis das Wasser fast den Rand erreichte.

Endlich kam sie an das Wasser heran – und trank und trank, bis sie nicht mehr konnte. Ihre schlaue Idee hatte ihr das Leben gerettet.

Äsops Moral: Not macht erfinderisch, und Mühe wird belohnt.

Die Ziege schwimmt im Teiche

Die Ziege schwimmt im Teiche,
das Schaf hüpft wie ein Floh,
die Maus hat ihren Schwanz verloren,
oder sitzt sie anderswo?

Der Papagei

Der Papagei, der Papagei,
der bringt uns ein Geschenk vorbei.
Bringt uns auch einmal Toast ans Bett –
drum finden wir ihn richtig nett.

Siehst du das Häschen?

Siehst du das Häschen, es hoppelt so fein.
Es will die Frau Häsin heute frein.
Sie trägt einen großen Möhrenstrauß,
und die Schleppe trägt ihr die Fledermaus.
Auch die Gemeinde hat sich rausgeputzt,
nur die Frau Eule schaut etwas verdutzt.

Die kleine bunte Schlange

Sie gleitet leise durch das Gras,
die kleine bunte Schlange.
Sie hat am Leben ihren Spaß
und ist vor gar nichts bange.

Kleines Kätzchen

Kleines Kätzchen Ungeheuer
schlief des Nachts zu nah am Feuer.
Den Pelz hat es sich so versengt,
da saß er irgendwie beengt.
Den Brandfleck schnitt es schnell heraus,
und ließ am Bauch das Fell was aus.
Sein Gefallen das auch fand:
Das Fell sitzt wieder elegant.

Schlafenszeit auf dem Bauernhof

Auf dem ganzen Bauernhof schlafen jetzt die Tiere.
Im großen Stall die Kühe stehn, im kleinen Stall die Stiere.
Ganz hinten rechts, da schläft das Schwein
mit seinen vielen Ferkeln klein,
hinter der grüne Türe.

Das ist nicht meine Mama

Gemütlich trabten durch den Wald Mama Giraffe und Sohn Gerd, als der Staat der Termiten ihren Weg überquert.

Gerd blieb stehen vor Schreck, und als er wieder aufsah, war seine Mama weg.

Sprach der Nektarvogel: „Suchst du Mama, lauf einfach zu. Folg den Termiten, und du findest sie im Nu."

Da lief er los, gebeugt vor Gram, bis er zu den Hügeln der Termiten kam.

„Juhu!", rief Gerd, „ich brauch nicht mehr gehn, ich glaube, ich kann ihre Schwanzspitze sehn."

Aber es war nur Elefant.

Das ist nicht meine Mama

„Das ist nicht meine Mama!", rief Gerd.
„Du sucht deine Mama?", fragte Elefant. „Welch ein Verdruss! Ist sie vielleicht trinken unten am Fluss?"
Gerd lief zum Fluss geschwind, seine Beine trugen ihn schnell wie der Wind.
„Aha", dachte Gerd, „was sehe ich da? Lugt da aus dem Wasser nicht ein Auge von Mama?"
Aber es war nur Krokodil.
„Das ist nicht meine Mama!", rief Gerd.
„Du suchst deine Mama?", fragte Krokodil. „Bleib ruhig, kleiner Gesell. Denn da hinten sah ich jemanden mit Punkten im Fell."
Gerd wollte gerade Krokodil schon loben, da hörte er ein Schnarchen ganz nah am Boden.
„Oh ja!", dachte Gerd. „Das wär ja gelacht, wenn das nicht Mama ist, die ein Nickerchen macht."
Aber es war nur Leopard.
„Das ist nicht meine Mama!", rief Gerd.
Leopard wachte auf und sagte beim Gähnen: „Schau am Affenbrotbaum, mehr muss ich nicht erwähnen."

Das ist nicht meine Mama

So lief Gerd zum Affenbrotbaum hinaus aus dem Wald, und meinte, er säh dort eine bekannte Gestalt.

Da dachte Gerd: „Das sieht ja tatsächlich so aus, als streckte Mama den Kopf aus den Blättern heraus."

Aber es war nur Schlange.

„Das ist nicht meine Mama!", rief Gerd.

„Du sssuchst deine Mama?", zischte Schlange. „Wenn sie gern was nascht, würd's mich nicht wundern, wenn du sie beim Bambus überraschst."

Inzwischen glaubte Gerd, er würde Stunden schon suchen und wollte bereits seine Lage verfluchen – doch sah er was hinter den Blumen, da! „Sind das nicht die Füße von Mama?"

Doch es war nur Zebra.

„Das ist nicht meine Mama!", rief Gerd.

„Du suchst deine Mama?", fragte Zebra, ohne zu scheuen. „Lauf zurück in den Wald, dann kannst du dich freuen."

Das ist nicht meine Mama

Und als Gerd zur Lichtung kam mit den vielen Fliegen, da sah er die Giraffen im Schatten liegen.

Dort hat sich jemand aus dem Baum gebückt, und Gerd rief „Da ist Mama!" beglückt.

Die Mama umarmte ihren Gerd ganz doll und sagte: „Du hast mich gefunden, na, das ist toll!"

Der Fuchs und die Ziege

An einem heißen Tag suchte ein Fuchs etwas zu trinken. Endlich fand er auf einem Bauernhof einen Brunnen. Über den Rand sah er, dass das Wasser tief unten war. Vorsichtig stieg er auf den Rand des Brunnens. Er konnte das kühle Nass schon riechen, erreichte es aber nicht.

Ein letztes Mal versuchte er es und streckte die Zunge heraus. Da verlor er das Gleichgewicht und fiel in den Brunnen. **PLATSCH!** Als er versuchte, wieder herauszuklettern, rutschte er immer wieder an den glatten Wänden ab. Er saß fest!

Nach einiger Zeit kam eine durstige Ziege zum Brunnen. Sie war überrascht, den Fuchs im Wasser zu sehen.

„Was tust du da unten?", fragte sie.

„Ich kühle mich ein wenig ab", antwortete der Fuchs. „Das Wasser dieser Quelle ist das beste weit und breit. Komm doch herunter und probier es auch einmal."

Der Fuchs und die Ziege

Der Ziege war heiß, sie hatte Durst, und das Wasser sah wirklich verlockend aus. Da sprang sie in den Brunnen.

„Du hast recht!", sagte sie, nahm einen großen Schluck und streckte sich im Wasser aus. „Hier ist es herrlich kühl."

Bald wollte die Ziege aber wieder nach Hause gehen.

„Wie kommen wir wieder hinaus?", wollte sie wissen.

„Das ist ein Problem", gab der Fuchs zu, „aber ich habe eine Idee. Wenn du die Beine ausstreckst, kannst du dich gegen die Wände stemmen. Dann kann ich auf deinen Rücken klettern und hinausspringen."

„Schön und gut, aber was ist mit mir?", wollte die Ziege wissen.

„Wenn ich oben bin, werde ich dir helfen", erklärte der Fuchs.

Also stemmte sich die Ziege zwischen die Brunnenwände, der Fuchs stieg auf ihren Rücken und sprang hinaus.

„Danke!", lachte er und drehte sich zum Gehen um.

„Warte! Was ist mit mir? Wie komme ich nun heraus?", rief die Ziege.

„Das hättest du dir überlegen sollen, bevor du hineingesprungen bist", antwortete der hinterlistige Fuchs – und lief davon.

Äsops Moral: Man sollte nachdenken, bevor man handelt.

Im Blumentopf

Im Blumentopf, da wohnt ein Wurm.
Er zog dort einmal ein bei Sturm
und ist danach geblieben.
Und nach ihm zog ein Käfer ein,
der wollt angeblich Schäfer sein.
Den hab ich nicht vertrieben.
Zuletzt zog noch Familie Laus
mit in den Topf samt Onkel Klaus
und ihren Kindern sieben.

Kätzchen, Kätzchen

Kätzchen, Kätzchen,
wo willst du denn hin?
Ich will nach London
zur Königin.
Kätzchen, Kätzchen,
was willst du denn da?
Eine Maus erschrecken
mit Miau und Trara!

Die Schildkröte und der Adler

Es war einmal eine Schildkröte, die war sehr unglücklich mit ihrem Leben. Sie hasste es, immer nur am Boden zu sein, und beneidete die Vögel, weil sie fliegen konnten. Sie war sicher, dass auch sie fliegen konnte, wenn sie nur den Boden verlassen würde.

Eines Tages saß die Schildkröte auf einem Felsen am Meer, als ganz in der Nähe ein Adler landete.

„Kannst du mir das Fliegen beibringen?", fragte die Schildkröte.

„Sei nicht albern", antwortete er. „Wie willst du denn fliegen? Du hast doch gar keine Flügel!"

„Ich kann ganz bestimmt fliegen, wenn ich erst einmal in der Luft bin", beharrte die Schildkröte. „Du bist ein großer, starker Vogel und kannst mich in den Himmel tragen. Dort erklärst du mir dann, was ich tun muss und lässt mich los. Und ich fliege einfach los!"

„Hör zu!", erklärte der Adler. „Ich fliege schon seit vielen Jahren umher, aber alle Tiere, denen ich dort oben je begegnet

Die Schildkröte unde der Adler

bin, haben eines gemeinsam: Sie haben Flügel!"

Die Schildkröte gab nicht auf. „Ich will dir alle Schätze der Meere geben, wenn du mir nur das Fliegen beibringst", versprach sie dem Adler.

Schließlich konnte der Adler das Flehen der Schildkröte nicht mehr ertragen.

„Also gut!", stimmte er zu. „Ich trage dich in den Himmel, und wenn wir oben sind, lasse ich dich los, und du versuchst zu fliegen."

Die Schildkröte war begeistert. Endlich würde sie den Boden verlassen.

Der Adler trug sie weit hinaus auf den Ozean. Sie waren so hoch, dass sie fast die Wolken berührten.

„Bereit?", fragte der Adler. „Streck die Beine aus und schlag damit, so heftig du kannst."

„Ja, ja, lass schon los", rief die Schildkröte ungeduldig.

Also ließ der Adler sie los. Sie streckte ihre Beine und schlug damit wild auf und ab, wie der Adler es gesagt hatte. Kannst du erraten, was passiert ist?

Die Schildkröte fiel wie ein Stein … tiefer und immer tiefer mitten in den Ozean.

Äsops Moral: Stur auf dem eigenen Willen zu beharren, kann schiefgehen.

Kleine Schäferin Katrin

Kleine Schäferin Katrin
hat vier Schafe, und sie ziehn
jeden Tag hinaus zur Weide,
vorbei an Feldern voll Getreide,
bis sie das leck're Gras erreichen
und die herrlich süßen Veilchen.

Fünf Hühnerküken

Einem Küken begann der Magen zu knurrn,
da sprach es: „Ich möcht gern 'nen Regenwurm!"
Das zweite fand im Gras eine Zecke,
und sagte: „Ich hätte aber viel lieber Schnecke!"
Das dritte fand sich besonders weis'
und meinte: „Ich äß jetzt am liebsten Mais."
Das vierte, das ihnen kaum zugehört hat,
wünschte sich bloß ein grünes Blatt.
Das fünfte fing gleich an zu schrein:
„Was wollt ihr alle, ich hätt gern 'nen Stein!"
Frau Henne sah ratlos von Kind zu Kind:
„Wie wär's, wenn ihr einfach zu scharren beginnt?"

Ein seltsamer Vogel

Des Truthahns Kinn wackelt hin und her
– schubbel, schubbel, schubbel –,
dabei sagt er einmal mehr:
Gubbel! Gubbel! Gubbel

Zeit zum Melken

Wenn es Zeit zum Melken ist,
die Kuh noch auf der Weide frisst,
holt der Bauer sie nach Haus –
und hängt ihr dann ganz schnell
ans Euter flugs das Melkgestell.

Zwei Kätzchen

Zwei Kätzchen sind einst in der Nacht
von einem Scharren aufgewacht.
Da haben sie sich sehr erschreckt,
bis Mama Katz sie sanft geleckt.

Kikeri-pitschü-pitschü!

Kikeri-pitschü-pitschü!
Der Hahn hat einen Schnupfen,
nun kann er gar nicht richtig krähn,
die Bäu'rin will ihn rupfen.
Der Tierarzt rät ihm: Bei Pitschü
nimm 'ne Tinktur zum Tupfen!"

Der Kater

Der Kater weiß genau, wo er die Mäuse findet.
Doch weil ihm heute ist nach Fisch, er an den Teich verschwindet.

Wer schläft im Wald?

Wenn es schneit, wer schläft im Wald,
solang der Winter bitterkalt?
Die Antwort, nein, die ist nicht schwer,
denn das ist Tapps, der kleine Bär.

Die sechs Schwäne

Es jagte einmal ein König in einem großen Wald. Am Abend sah er, dass er sich verirrt hatte. Da kam eine alte Frau auf ihn zu; das war aber eine Hexe.

„Liebe Frau", sprach er zu ihr, „könnt Ihr mir nicht den Weg durch den Wald zeigen?"

„Oh ja, Herr König", antwortete sie, „das kann ich wohl, aber nur unter einer Bedingung."

„Was ist das für eine Bedingung?", fragte der König.

„Ich habe eine Tochter", sagte die Alte. „Wollt Ihr die zur Königin machen, so zeige ich Euch den Weg aus dem Wald."

Der König willigte in seiner Angst ein, und nachdem er die Tochter der Alten zu sich aufs Pferd gehoben hatte, zeigte ihm die Alte den Weg. Der König gelangte wieder in sein Schloss, wo kurz darauf die Hochzeit gefeiert wurde.

Der König war schon einmal verheiratet gewesen und hatte von seiner ersten Frau sieben Kinder, sechs Knaben und ein Mädchen. Weil er nun fürchtete, die Stiefmutter würde sie nicht gut behandeln, brachte er sie in ein einsames Schloss mitten im Wald.

Der König ging aber so oft hinaus zu seinen Kindern, dass der Königin seine Abwesenheit auffiel. Sie gab seinen Dienern viel Geld, und die verrieten ihr

Die sechs Schwäne

das Geheimnis. Da machte sie kleine weiße Seidenhemdchen und nähte einen Zauber hinein.

Als der König eines Tages ausritt, nahm die Königin die Hemdchen und ging in den Wald zu dem Schloss. Die Kinder meinten, ihr Vater käme zu ihnen, und sprangen ihm entgegen.

Da warf sie über ein jedes eins von den Hemdchen. Sofort verwandelten sie sich in Schwäne und flogen davon. Die Königin glaubte, ihre Stiefkinder los zu sein, aber das Mädchen war ihr nicht entgegengelaufen und wurde nicht verzaubert.

Es rannte fort, in den Wald hinein, um ihre Brüder zu suchen. Die ganze Nacht hindurch lief sie, da sah sie eine Hütte. Drinnen fand sie eine Stube mit sechs kleinen Betten. Dort versteckte sie sich unter einem der Bettchen.

Plötzlich hörte die Prinzessin ein Rauschen: Sechs Schwäne kamen zum Fenster hereingeflogen. Ihre Schwanenhaut streifte sich ab wie ein Hemd. Da erkannte das Mädchen ihre Brüder, freute sich und kroch unter dem Bett hervor.

Die Brüder waren auch erfreut, aber sie sprachen: „Wir können nur eine Viertelstunde lang jeden Abend unsere Schwanenhaut ablegen und unsere menschliche Gestalt annehmen."

Die sechs Schwäne

Das Schwesterchen weinte und fragte: „Könnt ihr denn nicht erlöst werden?"

„Ach nein", antworteten sie, „die Bedingungen sind zu schwer. Du darfst sechs Jahre lang nicht sprechen und musst in der Zeit sechs Hemdchen für uns aus Sternblumen nähen. Kommt ein einziges Wort aus deinem Mund, so war alles umsonst."

Da war die Viertelstunde herum, und die Brüder flogen als Schwäne wieder hinaus.

Das Mädchen aber fasste den festen Entschluss, seine Brüder zu erlösen. Am anderen Morgen sammelte es Sternblumen und fing an zu nähen.

Eines Tages jagte der König des Landes in dem Wald und traf auf das Mädchen. Er fragte: „Wer bist du?" Aber das Mädchen antwortete nicht. Weil die Prinzessin aber so schön war, verliebte sich der König in sie. Er brachte sie in sein Schloss und heiratete sie.

Der König aber hatte eine böse Mutter, die wollte die junge Königin loswerden. Als die Königin ihr erstes Kind zur Welt brachte, nahm es ihr die Alte weg. Dann beschuldigte sie die Königin, ihr Kind weggegeben zu haben. Der König wollte es nicht glauben. Seine Frau nähte aber ständig an den Hemden

Die sechs Schwäne

und achtete auf nichts anderes. Das nächste Mal, als sie wieder ein Kind bekam, übte die falsche Schwiegermutter denselben Betrug aus, und der König glaubte ihr wieder nicht. Als die Alte aber das dritte Mal das neugeborene Kind raubte, übergab der König seine Frau dem Gericht.

Am Tag, an dem das Urteil vollzogen werden sollte, war zugleich der letzte Tag von den sechs Jahren herum, in welchen die Königin nicht sprechen durfte. Die sechs Hemden waren fertig, nur an dem letzten fehlte noch der linke Ärmel. Als sie zum Gefängnis geführt wurde, kamen plötzlich sechs Schwäne durch die Luft dahergezogen.

Die Schwäne flogen herab, sodass sie ihnen die Hemden überwerfen konnte. Sofort fielen die Schwanenhäute ab, und ihre Brüder standen wieder als Menschen vor ihr. Nur dem Jüngsten fehlte der linke Arm, er hatte dafür einen Schwanenflügel am Rücken. Dann ging die Königin zum König und fing an zu reden: „Nun darf ich sprechen und dir offenbaren, dass ich unschuldig bin." Sie erzählte ihm von dem Betrug der Alten.

Da wurden die Kinder herbeigeholt, und die böse Schwiegermutter wurde zur Strafe verbannt. Der König aber und die Königin mit ihren sechs Brüdern lebten lange Jahre in Glück und Frieden bis an ihr Lebensende.

Einen Pudel hatt' ich einst

Einen Pudel hatt' ich einst, mit herrlich weißen Locken,
der fraß so gerne Gänseklein und meiner Oma Socken.
Mal hat er sich im Dreck gewälzt, da wollte ich ihn baden.
Das war nicht wirklich gut durchdacht,
das ganze Bad nahm Schaden.
Da hab den Pudel ich rasiert, mit Opas scharfem Messer.
Er sah darauf ganz kläglich aus, dem Opa stand das besser.

Zwei Welpen

Zwei Welpen, flauschig, süß und klein,
schliefen in ihrem Körbchen ein.
Sie träumten von einem Abenteuer,
in dem sie jagten Ungeheuer.
Da schlich Kitti Kätzchen heran
und war von den Welpen ganz angetan.
Erst sah sie still auf sie herab,
doch dann mit Pfötchen, tapp, tapp, tapp,
stupste sie, als wär's nur so,
beide Welpen an den Po.
Hinaus aus dem Körbchen die Welpen sprangen
und spielten mit unserer Kitti Fangen.

Willkommen im Dschungel

Jan, der Affenjunge, lebte mit seinen Eltern und vielen Onkeln und Tanten tief im Dschungel. Wenn er nicht gerade mit den anderen Affen spielte, erkundete er gern den Wald und fand neue Freunde.

Eines Tages passierte etwas Aufregendes. Jans Mutter bekam ein kleines Affenbaby, Tim genannt. Das freute Jan sehr. Er konnte es kaum erwarten, seinem Bruder den Dschungel zu zeigen und ihn seinen Freunden vorzustellen.

„Kann ich Tim mitnehmen?", fragte er daher seine Mutter.

„Wenn du gut auf ihn aufpasst", stimmte sie zu. „Und du musst ihn tragen – er kann noch nicht so weit laufen."

„Kein Problem", lachte Jan. Er nahm Tim auf den Arm und trug ihn in den Dschungel hinein. Sie waren gerade einmal bis zum Fluss gekommen, da musste Jan schon schwer atmen. Tim wackelte und kreischte vergnügt. Jan kam noch mehr außer Puste. Tim war schwerer, als er gedacht hatte.

„Oh weh", seufzte Jan. „Ich fürchte, ich werde dich nicht weiter tragen können. Wir müssen umkehren."

Willkommen im Dschungel

Er setzte Tim ab und hockte sich neben ihn ans Flussufer. Jan war sehr traurig. Er hatte sich so darauf gefreut, Tim seinen Freunden vorzustellen. Als er auf das Wasser schaute, tauchten dort plötzlich zwei Augen und zwei Nasenlöcher auf. Dann erschienen die riesigen Zähne eines Krokodils.

Tim wich ängstlich zurück.

„Hab keine Angst!", lachte Jan. „Das ist nur Kassandra, das Krokodil." Er lächelte das Krokodil an.

„Hallo, Kassandra", rief er. „Schau, das ist Tim, mein kleiner Bruder. Ich wollte ihm den Dschungel zeigen und ihn meinen Freunden vorstellen, aber er ist zu schwer für mich."

„Ich kann euch mitnehmen", schlug Kassandra vor. „Hüpft einfach auf meinen Rücken, und wir machen eine Flusstour."

„Was für eine tolle Idee", rief Jan. Die Brüder sprangen auf den Rücken des Krokodils, und schon bald glitten sie durch den Dschungel. Jan freute sich, Tim allen seinen Freunden vorstellen zu können und fand unterwegs noch neue Freunde. Aber Jan und Tim waren sich auch einig, dass Kassandra **die beste Freundin** war, die man haben konnte!

Lied eines Jungen

Ich laufe gern den Fluss entlang,
wo man auch herrlich baden kann.
Ich zähl die Fische, eins, zwei, drei,
mein Pfiffi, der ist stets dabei.

Ich renne gern durchs hohe Gras,
auch Pfiffi hat beim Toben Spaß.
Im Frühjahr pflücken wir den Flieder;
die Vögel singen Hochzeitslieder.

Ich lauf durch die tiefsten Wälder
und baue Scheuchen am Rand der Felder.
Auch wenn der Klatschmohn blüht im Mai,
ist mein Pfiffi stets dabei.

Lied eines Jungen

Ich denke gern mir Streiche aus
und ärgere den Bauern Kraus.
Der rief sogar mal: „Polizei!"
Mein Pfiffi, der war auch dabei.

Andre Jungs, die Mädchen hassen
und sie niemals mitspieln lassen,
ja, sie ständig nur vertreiben,
die können mir gestohlen bleiben.

Denn Pfiffi und ich, wir spielen mit allen
und lassen auch gern in den Matsch uns fallen.
Ob das andere stört, ist uns einerlei.
Hauptsache, wir haben Spaß dabei!

Die Stadtmaus und die Landmaus

Eines Tages besuchte die Stadtmaus ihre Cousine auf dem Land. Die Landmaus freute sich sehr, ihre Verwandte zu sehen und nahm sie freundlich auf. Sie hatte zwar nur einfache Lebensmittel in ihrer Speisekammer, aber bot ihrer Cousine alles an, was sie hatte: Erbsen, Gerste, Nüsse und Käse.

Doch die Stadtmaus knabberte nur unwillig an ihrer Mahlzeit herum, während sich die Landmaus an einem Halm Gerstenstroh gütlich tat.

„Ich weiß nicht, wie du dieses langweilige Essen ertragen kannst", sagte die Stadtmaus schließlich. „Dein ganzes Leben hier ist langweilig. In der Stadt ist es viel lustiger. In den Straßen gibt es überall Kutschen und schick gekleidete Menschen und das beste Essen. Warum besuchst du mich nicht einmal?"

Also packte die Landmaus ihren Koffer und machte sich mit der Stadtmaus auf den Weg.

Als sie die Stadt erreichten, war es schon dunkel, und die Landmaus war von den hellen Lichtern geblendet. Endlich schlüpften die beiden Mäuse in das Haus, in dem die Stadtmaus lebte.

Die Stadtmaus und die Landmaus

Die Landmaus bestaunte die Samtstühle und die eleganten Möbel. Auf dem Esstisch standen die Reste eines Festessens. Nachdem die Stadtmaus ihrer Cousine einen Platz angeboten hatte, lief sie hin und her und bot ihr die wunderbarsten Köstlichkeiten zum Probieren an: Hummer, Wild in Rotweinsauce und – obwohl die Landmaus sich schon kaum noch bewegen konnte – Erdbeerkuchen mit Sahne.

Plötzlich schlug die Tür laut zu, und ein paar laute junge Männer mit zwei großen Hunden stürmten in den Raum. Die verschreckten Mäuse flohen, versteckten sich unter dem Schrank und zitterten vor Angst. Als die Männer zu Bett gingen und die Hunde sich hinlegten, krochen die Mäuse aus ihrem Versteck.

„Auf Wiedersehen, Cousine", flüsterte die Landmaus. „Das feine Leben ist zwar schön und gut, aber ich esse lieber in Frieden ein paar Brotkrumen, als ständig in Angst zu leben."

Äsops Moral: Ein einfaches Leben in Frieden ist besser, als ein luxuriöses in Angst und Schrecken.

Tom, der Elefant

Der Abend senkte sich über den Dschungel, und die Elefanten ließen sich zum Schlafen nieder. Aber Tom, der kleine Elefant, wollte noch nicht schlafen. Er lief umher und malte mit dem Rüssel Muster in den Sand.

„Komm her, Tom", rief seine Mama. „Es ist Schlafenszeit!"

Tom versuchte ein Gähnen zu verstecken. „Kann ich nicht noch etwas spielen?", fragte er. „Ich mag noch nicht schlafen gehen!"

„Warum nicht?", fragte Mama. „Du musst doch müde sein nach dem langen Tag!"

„Sag ich nicht", erwiderte Tom verlegen. „Sonst denkst du bestimmt, ich bin dumm."

„Das würde ich nie denken", antwortete Mama. „Was hast du denn?"

Tom sah seine Mama an und wurde rot. „Ich mag es nicht, wenn es dunkel ist", gab er zu. „Warum muss es dunkel sein, wenn wir schlafen? Das macht mir Angst!"

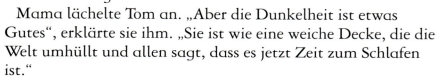

Mama lächelte Tom an. „Aber die Dunkelheit ist etwas Gutes", erklärte sie ihm. „Sie ist wie eine weiche Decke, die die Welt umhüllt und allen sagt, dass es jetzt Zeit zum Schlafen ist."

Tom, der Elefant

„Und wenn ich einen Albtraum habe?", fragte Tom, noch nicht ganz überzeugt.

„Das wirst du nicht", antwortete Mama. „Die Welt ist voller schöner Träume, wenn man weiß, wo man sie findet. Schau einmal zum Himmel."

Tom sah hinauf. Der Mond schien, und der Himmel war voller funkelnder Sterne.

„Jeder Stern ist ein schöner Traum, der auf dich wartet", erklärte Mama. „Und sieh nur, wie viele es sind!"

„Ui!" sagte Tom. „Das müssen Millionen sein. Da würde ich am liebsten sofort einschlafen … Was meinst du, wie viele schöne Träume ich heute Nacht haben werde?"

Tom fing an, die Sterne zu zählen, aber noch bevor er zehn erreichte, schlief er tief und fest. Mama lächelte, legte ihren Rüssel um ihn und flüsterte: „Träum was Schönes!"

Ein kleines Känguru

Ein kleines Känguru wollte gern hüpfen
und nie mehr in Mamas Beutel schlüpfen.
Es war auf das Hüpfen so versessen,
dabei hat es wirklich alles vergessen.
Es hüpfte beständig auf und ab,
mal im Galopp und mal im Trab.
Es wusste sich gar nicht mehr zu stoppen
vor lauter Hüpfen, Springen und Hoppen.
Sein ganzes Leben bestand nur aus Springen
und dazu mochte es lachen und singen.
Zum Schluss sprang es auf die Himmelsleiter,
da ging dann im Himmel das Hüpfen weiter.

Krokus, das Krokodil

Krokus war ein freundliches Krokodil, das nie andere Tiere aß. Dummerweise wusste das niemand.

„Hallo!", rief er freundlich der Antilope und dem Zebra zu, als er den Fluss entlangschwamm, und setzte sein breitestes Lächeln auf. Doch als sie ihn sahen, versteckten sie sich in den Büschen.

„Wie seltsam", dachte Krokus. Dann winkte er der Wildsau und ihren Jungen zu und lächelte sie an.

„Ihhhhhh!", quiekten die Schweinchen und sausten davon. Da begann Krokus zu weinen. „Keiner will mit mir befreundet sein."

„Du scheinst doch ganz in Ordnung zu sein", rief das Nilpferd, das gerade vorbeikam.

„Ja, wirklich?", fragte Krokus und lächelte das Nilpferd breit an.

„Ah!", sagte das Nilpferd. „Jetzt weiß ich, wo das Problem liegt! Die anderen glauben, mit deinen großen Zähnen wolltest du sie auffressen."

„Aber ich bin Vegetarier!", rief Krokus so laut er konnte. „Ich esse keine Tiere!"

Seine Worte hallten bis in die Baumspitzen.

„Habt ihr das gehört?", riefen die Tiere. „Krokus ist Vegetarier! Lasst uns Freundschaft mit ihm schließen."

Und so wurden sie alle seine Freunde. Krokus war natürlich sehr glücklich – bemühte sich aber, nicht allzu viel zu lächeln.

An der Küste

An der Küste steht ein Haus,
darin lebt eine Küstenmaus.
Die Maus heißt so, denn diese Zwerge
lieben das Meer und nicht die Berge.

Wer klingelt da?

Wer klingelt da so früh am Morgen?
Es ist der Nachbar, er macht sich Sorgen.
Sein Hund trat wohl in eine Scherbe,
die Pfote hat nun eine Kerbe.

Ein Schäfchen

Ein Schäfchen, das stand auf dem Markt,
wo der Gemüsestand sonst parkt,
doch von Gemüse keine Spur,
denn Markttag ist am Freitag nur.

Der Vogel singt

Der Vogel singt, die Katze schnurrt:
Guten Morgen, Guten Morgen!
Die Taube auf dem Dache gurrt:
Guten Morgen, Guten Morgen.

Die Schnecke

Die Schneck, die Schneck, die trägt ein Haus,
aus diesem schaut sie manchmal raus.

Schweinchen

Dieses Schweinchen ging zum Markt,
dieses blieb zu Haus.
Dieses Schweinchen aß 'nen Schinken,
dieses hatte keinen Schmaus.
Und dieses Schweinchen schrie: „Uie-uie-uuuiiieehh!"
Und lief ganz schnell nach Haus!

Die Ziege Berta

Es war Zeit für das Frühstück, und Ziege Berta hatte einen Riesenhunger.

„Määh", rief sie, als der Bauer mit dem Futtereimer über den Hof ging. Aber er ging an ihr vorbei und leerte ihn in den Schweinetrog.

„Darf ich mal probieren?", fragte Berta und fraß los, bevor das Schwein antworten konnte. Sie hörte erst auf, als der Bauer Milch in die Schale der Katze goss.

„Darf ich mal probieren?", fragte Berta und begann, die Milch zu schlecken, bevor die Katze etwas sagen konnte.

Inzwischen war Berta schon recht satt. Aber als sie sah, wie der Bauer Heu in die Pferdekrippe gab, lief sie hinüber und kaute, noch bevor das Pferd ein Wort herausbringen konnte.

Plötzlich hörte Berta ein vertrautes Geräusch. Der Bauer schüttete Nüsse in ihren Futtertrog. Da stöhnte sie. Sie hatte so viel gefressen, dass sie keinen Bissen mehr herunterbrachte.

„Dürfen wir mal probieren?", riefen die anderen Tiere. „Eine gierige Ziege hat unser ganzes Frühstück gefressen."

Berta schämte sich. „Ich will nie wieder so gierig sein", versprach sie.

Max, der Koala

„Zeit fürs Mittagsschläfchen", sagte Mama Koala.

„Aber ich bin noch gar nicht müde", sagte Max, der kleine Koala. „Ich möchte noch ein Abenteuer erleben!"

„Aber natürlich bist du müde", lachte Mama Koala. „Koalas sind immer müde. Wir können später Abenteuer erleben." Sie steckte Max in ihren Beutel und schmiegte sich an den Eukalyptusbaum.

Aber Max wollte nicht schlafen – er wollte ein Abenteuer erleben. Als er sicher war, dass Mama Koala schlief, kroch er leise aus ihrem Beutel und den Baum hinunter und lief in den Wald. Hoch in den Bäumen entdeckte er einen bunten Ara.

„Hallo!", rief er und lief hinter ihm her. Da hörte er ein seltsames Geräusch.

„Jibbib!" Er sah sich um – und da saß eine dicke, warzige Kröte und plusterte ihren Kehlsack auf. Er musste kichern, so lustig sah das aus.

Plötzlich hörte Max ein Geräusch, dass ihm Angst machte. „Fisssssssss!"

„Die Schlange!", schrie Max.

Voller Angst stürmte er zurück zum Eukalyptusbaum und verstecke sich in Mamas Beutel.

„Ahhhh", gähnte Mama Koala und lächelte Max an. „Komm, kleine Schlafmütze, wach auf. Es ist Zeit, Abenteuer zu erleben." Aber Max antwortete nicht. Nach seinem Abenteuer schlief er tief und fest.

Erik wird Mama

Eines Tages bekam Emma Ente Besuch von Erik Erpel. Emma saß nun schon seit Wochen auf ihren Eiern, und ihr war langweilig.

„Kann ich dir irgendwie helfen?", fragte Erik.

„Also, wenn du mich so fragst", antwortete Emma. „Ich würde gern eine Runde im Teich drehen. Könntest du meine Eier so lange für mich warm halten?"

„Na klar!", antwortete Erik. „Aber was soll ich tun, wenn sie schlüpfen, während du weg bist?"

„Keine Angst, das werden sie nicht", lachte Emma. „Sie sind frühestens morgen fällig."

„Alles klar", quakte Erik, ließ sich vorsichtig auf den Eiern nieder und machte es sich bequem. „Das ist gar nicht so schwer", dachte er stolz und stellte sich die süßen kleinen Küken vor, die ihn Onkel Erik nannten. Er war gerade dabei einzuschlafen, als ein lautes KRACK ihn aufschreckte.

Und plötzlich krachte es überall im Nest. „Oh nein, was passiert hier nur?", rief Erik erschrocken und bemühte sich, ruhig zu bleiben.

Er stand auf und sah unter sich. Flauschige kleine Köpfchen sahen zu ihm auf. „Mama!", riefen die kleinen Entenküken.

„Ich bin nicht eure Mama", sagte Erik besorgt. Aber egal, wie

Erik wird Mama

oft er dies auch sagte, die kleinen Küken schienen nicht zuzuhören. „Mama! Mama!", quiekten sie.

Der Morgen war schon fast vorüber, und Erik war mit seiner Weisheit am Ende.

„Ich muss unbedingt Emma suchen!", beschloss er. Er hüpfte aus dem Nest und lief hinunter zum Teich.

„Bleibt da!", rief er den Küken über die Schulter zu. Aber die Entchen waren zu jung, um das zu verstehen.

„Mama! Mama!", quiekten sie, watschelten hinter ihm her und ließen sich ins Wasser plumpsen.

Erik wusste nicht, was er tun sollte, deshalb schwamm er um die Küken herum, um sie beisammenzuhalten. Er war so damit beschäftigt, dass er Emma erst sah, als sie neben ihm auftauchte. Da ließ er beschämt den Kopf hängen. Emma musste sehr wütend auf ihn sein. Aber er würde es tapfer hinnehmen.

Doch Emma quakte: „Gut gemacht, Erik! Du hast die Küken nicht nur ausgebrütet, sondern ihnen auch schon Schwimmen beigebracht! Du bist eine hervorragende Mama!"

Das ist nicht meine Schwester

„He, Manni", sagte Moni, „lass uns doch Verstecken spielen. Genau hier, zwischen den Bäumen, den vielen."

„Du zählst", rief Moni. Da machte Manni die Augen zu, und Moni verschwand zwischen den Tannen im Nu.

„Hundert, ich komme!", rief Manni ganz laut.

„Suchst du deine Schwester?", fragte Hase. „Dann such gleich dort! Jemand lief eben schnell durch die Bäume fort."

Da trabte Manni los, bis er vor der alten Eiche stand.

Er dachte: „Hier hat sie sich wohl versteckt." Denn er hatte dort ein Augenpaar entdeckt.

Aber es war nur Eule.

„Das ist nicht meine Schwester!", rief Manni.

„Du suchst deine Schwester?", fragte Eule verstört. „Dort drüben, bei den Stämmen, da hab ich was gehört."

Das ist nicht meine Schwester

Die Stämme lagen auf einem großen Haufen. Doch hörte er da nicht jemanden laufen?

Da rief Manni: „Ich hab dich nun endlich, komm doch hervor. Lass dich nicht bitten, ich seh dein Ohr!"

Aber es war nur Biber.

„Das ist nicht meine Schwester!", rief Manni.

„Du suchst deine Schwester?", lachte Biber unter seinem Ast. „Ich glaube, die hast du gerade verpasst."

Da schlich sich der Manni ganz leise an: „Ich hab dich gefunden, und du bist jetzt dran!"

Doch es war nur Opa Elch.

„Das ist nicht meine Schwester!", rief Manni.

Opa Elch sagte: „Suchst du deine Schwester, musst du nicht fluchen. Geh lieber dort drüben am Hügel suchen."

Am Hügel zwang Manni sich zum Weitergehen, denn in der Höhle konnte er einen Schatten sehen.

Im Dunkeln bemerkte er einen Vorderlauf. Da rief er: „Ich hab dich, nun gib endlich auf!"

Das ist nicht meine Schwester

Aber es war nur Bär.
„Das ist nicht meine Schwester!", rief Manni.
„Du suchst deine Schwester?", brummte Bär voller Wonne. „Liegt die nicht dort hinten im Tal in der Sonne?"
Als der Manni nachgeschaut, entdeckte er ein Haus, aus Blättern gebaut.

„Na, wer hat sich denn da in den Blättern versteckt? Hier wird nicht geschlafen. Jetzt wirst du geweckt!"
Aber da war nur Stachelschwein.
„Das ist nicht meine Schwester!", rief Manni.
„Du suchst deine Schwester?", fragte Stachelschwein. „Also, hier war sie nicht, da kannst du sicher sein.

Das ist nicht meine Schwester

„Denn hätte sie sich auf mich gesetzt, dann hätte sie sich an den Stacheln verletzt."
Manni dachte schon: „Das kann einem ja den Tag vermiesen!", da hörte er im Haselstrauch ein lautes Niesen.

„Das ist meine Schwester!", rief Manni.

Moni lachte ihn an: „Lauf los, versteck dich, denn ich bin jetzt dran!"

Während Moni so zählte „eins–zwei–drei–vier …", war Manni einfach das glücklichste Tier.

Und dann hat er sich so gut versteckt, dass sie ihn wirklich nicht entdeckt.

Lasst uns Piraten spielen

„Lasst uns Piraten spielen!", ruft Pippa.
Die Freunde stimmen freudig zu.
Und um die Burg herum finden sie alles,
was sie dafür brauchen, im Nu.
1, 2, 3, 4, 5 ... Die Suche nun beginnt.
Die Treppe rauf und runter,
wo wohl die Sachen sind?
„Hier ist 1 Badewanne als Schiff!", ruft Pip.
„Nun müssen wir noch finden
2 Stöcke, um die Segel
daran ganz festzubinden."
1, 2, 3, 4, 5 ... Die Suche nun beginnt.
Die Treppe rauf und runter,
wo wohl die Sachen sind?
Boris sagt: „Wir brauchen 3 Segel,
um in See zu stechen."
Pippa geht schon los,
lang muss
sie sich nicht den
Kopf zerbrechen.
1, 2, 3, 4, 5 ... Die
Suche nun beginnt.

Lasst uns Piraten spielen

Die Treppe rauf und runter,
wo wohl die Sachen sind?
„Flaggen!", weiß Drache Dragi.
„4 sollte man von Weitem sehn.
Die auf unsrer Piratenfahrt
lustig im Winde wehn."
1, 2, 3, 4, 5 ... Die Suche nun beginnt.
Die Treppe rauf und runter,
wo wohl die Sachen sind?
„Mit 5 Piratenhüten
sind wir endlich bereit!"
Von der Burg ertönt die Trompete.
Jetzt ist Kakao- und Kuchenzeit!

Die Taube

Die Taube sucht den Tauberich,
der hatte angeboten sich,
den Weg nach München ihr zu weisen,
damit sie dorthin konnte reisen.

In meinem Kohl

Wer sucht die schönsten Blätter sich vom Gemüse aus
und zieht, wenn er gefressen hat, zurück sich in sein Haus?
Das ist die kleine Schnecke, die wohnt in meinem Kohl,
sie meint, sie hat sich gut versteckt, jedoch, ich seh sie wohl!

Die kleine grüne Raupe

Die kleine grüne Raupe,
die suchte sich ein Blatt,
auf dem sie sich gebettet
und eingesponnen hat.
Sie träumte, sie könne fliegen
bis in den warmen Süden.
Als ihr Kokon dann aufging,
war sie ein schöner
Schmetterling.

Wen wundert's

Wen wundert's, dass die Spinne rennt
am liebsten auf nacktem Fuß.
Stell dir mal vor, dass man sich stets
acht Schuhe schnüren muss.

Kaninchen und Hasen

Kaninchen und Hasen,
die hoppeln so wild,
und ihre Neugier
ist niemals gestillt.

Lauf, kleines Pferdchen

Lauf, kleines Pferdchen,
lauf immerzu.
So haben wir Freude,
ich und du.
Und kreuzt mal ein Bächlein
unseren Weg,
dann springen wir hinüber
oder nehmen den Steg.

Zehn Schweinchen

Zehn kleine Schweinchen
liefen einst nach Tann.
Eins fiel hin, ein zweites auch.
Wie viele kamen an?
Acht!

Acht kleine Schweinchen
liefen einst nach Tann.
Eins fiel hin, ein zweites auch.
Wie viele kamen an?
Sechs!

Sechs kleine Schweinchen
liefen einst nach Tann.
Eins fiel hin, ein zweites auch.
Wie viele kamen an?
Vier!

Vier kleine Schweinchen
liefen einst nach Tann.
Eins fiel hin, ein zweites auch.
Wie viele kamen an?
Zwei!

Zwei kleine Schweinchen
liefen einst nach Tann.
Eins fiel hin, ein zweites auch.
Wie viele kamen an?
Keins!

Hallo, Schweinchen

Hallo, kleines Schweinchen,
wo willst du denn hin?
Wonach steht dir heute der Sinn?
Ich werde zu groß, darum ziehe ich fort
und suche mir einen anderen Ort.
Hallo, kleines Schweinchen,
was machst du denn nun?
Möchtest du gern etwas anderes tun?
Ich hab einen Spaten, da kannst du schauen,
mit dem werd ich mir eine Suhle bauen.
Hallo, kleines Schweinchen,
was hast du denn vor?
Was höre ich da so mit einem Ohr?
Ich werde heut eine Kutschfahrt machen,
und es ist mir egal, ob alle lachen.
Hallo, kleines Schweinchen,
ich hab mich wohl verhört,
ist das wahr, dann bin ich empört!
Nein, es stimmt, ich geh ans Theater
und spiele das Töchterchen von dem Vater.
Hallo, kleines Schweinchen,
das kann ja nicht sein!
Jetzt willst du auch noch Tänzer sein?
Ja, und ich ziehe heut in die Stadt
und tanz auf dem Ball mir die Füße platt.

Schnäbelchen

Schnäbelchen lebte mit Mama, Papa und seiner Schwester, Federchen, in den Bergen. Eines Tages meinte Papa, es wäre Zeit, fliegen zu lernen.

„Ich kann nicht", schluckte Schnäbelchen. „Ich werde fallen."

„Doch, du kannst", sagte Mama. „Du musst nur mit den Flügeln schlagen."

„Ich probiere es mal!", rief Federchen, warf sich aus dem Nest und flatterte mit den Flügeln. Schnäbelchen hielt den Atem an, doch Federchen schwebte hinauf in den Himmel.

„Komm schon!", rief sie Schnäbelchen zu und kreiste über ihm. „Es ist ganz leicht!"

Aber plötzlich hörte Federchen auf zu fliegen und fiel nach unten. Schnäbelchen schrie, doch seine Eltern waren zu weit weg, um ihn zu hören. Er musste etwas tun! Todesmutig stürzte er sich aus dem Nest und schlug mit den Flügeln. Und zu seiner Überraschung flog er – wenn auch noch unsicher. Er sah sich um. Da sah er Federchen genau vor sich. „Aber du bist doch gefallen", rief er.

„Nein", lachte Federchen. „Ich hab mich nur vor dir versteckt."

Schnäbelchen war so wütend, dass seine Flügel ganz schnell flatterten und er Federchen überholte. Das war ein tolles Gefühl.

„Komm schon, du lahme Ente", rief er. „Fliegen ist ganz einfach!"

Gregor juckt es

Es war Schlafenszeit, aber Waschbär Gregor konnte nicht schlafen. Sein Rücken juckte. Da sah er einen stacheligen Busch. „Das wird helfen!", rief er und rieb sich den Rücken an den Stacheln.

„Entschuldige!", rief ein Vogel aus dem Busch. „Ich schlafe hier!"

„Oh, das tut mir leid", flüsterte Gregor. Da sah er einen Stock und hob ihn auf. Er wollte sich gerade damit kratzen, als der Stock laut zischte. Es war eine wütende Schlange!

„Ich muss doch sehr bitten!", zischelte sie. „Ich versuche, hier zu schlafen!"

„Tut mir leid", flüsterte Gregor. Er wanderte umher, bis er einen hohen Schotterhügel fand.

„Wenn ich da herunterrutsche, werde ich das Jucken bestimmt los", dachte er. Also kletterte er hinauf und rutschte herunter. Er wurde schneller und schneller, bis er die Kontrolle verlor. Da kugelte er den Hügel herunter und stieß – RUMMS! – gegen ein Kaninchen, das zwischen den Wurzeln eines Baums am Fuß des Hügels schlief.

„Was tust du nur?", fragte das Kaninchen und hielt sich den Kopf.

„Mein Rücken juckt, und ich suche Abhilfe", sagte Gregor.

„Das nächste Mal fragst du mich einfach", lachte Kaninchen und kratzte Gregor mit seinen kleinen Krallen den Rücken. „Dann können wir alle beruhigt schlafen!"

Edgar Eichhörnchen

Es war ein kalter Wintertag, und Edgar Eichhörnchen war noch mürrischer als sonst. In der Nacht hatte es angefangen zu schneien, und jetzt lag der ganze Wald unter einer dicken Schneedecke.

„Furchtbares, kaltes Zeug", brummte er, als er sah, wie die anderen Tiere eine Schneeballschlacht veranstalteten. „Sieh sich einer diese Spinner an. Bald werden sie frieren und müde sein. Ich bleibe lieber hier drinnen am warmen Feuer bei einem guten Essen. Aber erst muss ich noch etwas erledigen, um dem Treiben ein Ende zu bereiten."

Edgar nahm einen Zettel und schrieb in seiner schönsten Handschrift etwas darauf. Dann heftete er den Zettel an seine Tür. Darauf war zu lesen:

SCHNEEBALLSCHLACHT STRENGSTENS VERBOTEN!

„Das wird sie abschrecken", lächelte Edgar. Er ging wieder hinein, um etwas zu essen. Aber als er in die Speisekammer sah, quiekte er erschocken. Die Regale waren leer! Keine einzige Nuss war mehr übrig. Er hatte ganz vergessen, dass er gestern die letzte Nuss verspeist hatte.

Edgar Eichhörnchen

„Oh nein!", dachte Edgar. „Jetzt muss ich in den abscheulichen Schnee hinaus und neue Nüsse aus meinem Versteck holen. Aber was ist, wenn die anderen Tiere mir folgen und herausfinden, wo es ist? Ich werde auf keinem Fall mit einem dieser Gierhälse teilen!"

Also wartete Edgar, bis die Luft rein war. Dann zog er seinen warmen Schal an und stapfte durch den Schnee. „Brrrr!", zitterte er und hastete durch die Kälte.

„Ich weiß wirklich nicht, was all der Schnee soll. Er ist die reinste Plage." Edgar war noch nicht weit gekommen, da hörte er hinter sich das Getrappel kleiner Füße.

„Jemand muss mir gefolgt sein", dachte er und versteckte sich hinter einer Wurzel.

Er runzelte die Stirn, als er Hans Haselmaus sah. Er pfiff vor sich hin, schien sehr fröhlich zu sein und lief genau auf die alte Ulme zu, wo Edgars geheimes Versteck lag.

„Das wirst du nicht tun!", schrie Edgar. Er sprang aus seinem Versteck und blieb mit dem Fuß in einer Wurzel hängen.

„Ohhhh!", rief er und landete mit einem Plumps auf dem Boden. Er stöhnte und versuchte, sein Bein zu bewegen. Doch überrascht stellte er fest, dass es gar nicht wehgetan hatte.

„Wie seltsam", murmelte er. „Ich bin nicht verletzt."

„Das liegt daran, dass der Schnee deinen Sturz abgefedert hat", sagte Hans Haselmaus und half Edgar auf.

Edgar Eichhörnchen

„Das hat er wohl", stimmte Edgar zu. „Vielleicht ist der Schnee doch gar nicht so schlimm."

„Natürlich nicht", lachte Hans. „Schnee ist großartig! Du kannst darauf Schlitten fahren, du kannst schlittern …", zur Demonstration schlitterte Hans durch den Schnee, „und du kannst Schneemänner bauen."

Er zeigte auf ein paar Figuren, die er und seine Freunde aufgestellt hatten.

„Und das Allerbeste ist, du kannst eine Schneeballschlacht machen!"

Edgar sah so schockiert aus, dass Hans sicher war, er würde gleich anfangen zu schreien. Aber da zuckten seine Mundwinkel, und er lachte los. Dann nahm er eine Handvoll Schnee und bewarf Hans damit. Bald schon lieferten sich die beiden eine wilde Schlacht. Edgar hatte noch nie so viel Spaß gehabt. Als sie erschöpft aufhörten, fühlte Edgar sich so großartig, dass er Hans seinen geheimen Nussvorrat zeigte.

„Ach, wir wissen doch alle, wo dein Versteck ist", lachte Hans.

Edgar war verwirrt. „Aber, wenn ihr alle wisst, wo mein Versteck ist, warum habt ihr euch die Nüsse nicht geholt?"

Edgar Eichhörnchen

Verdutzt antwortete Hans: „Na, weil sie dir gehören, natürlich. Kein Tier aus dem Wald würde etwas nehmen, das ihm nicht gehört. Was denkst du nur?"

Edgar schaute beschämt zu Boden. Da hatte er eine Idee. Er lief zu seinem Versteck, holte einen Sack Nüsse und gab ihn Hans. Er wusste, dass Hans und seine Familie im Winter hungern mussten. „Bitte", sagte er. „Und guten Appetit!"

Hans war überglücklich. „Danke!", rief er. „Komm doch morgen raus und spiel mit uns im Schnee."

„Das mache ich", antwortete Edgar. „Aber erst muss ich noch etwas erledigen!"

Er rannte nach Hause, nahm den Zettel von der Tür, holte einen Stift und nahm ein paar kleine Änderungen vor:

**SCHNEEBALLSCHLACHT ~~STRENGSTENS VERBOTEN~~!
HEUTE UM 12 UHR
ANSCHLIESSEND GROSSES NUSSESSEN!**

Beim Hufschmied

Hengst und Stute zum Hufschmied reisen,
nur das Fohlen braucht noch keine Eisen.

Im Fischteich

Im Fischteich, da ist ein Gedränge,
da lebt wirklich jede Menge
von diesen süßen kleinen Fischen,
die immer durch das Seegras zischen.
Nur kurz pausiert wird unterm Grün,
wenn sie nicht gerade ungestüm
sich gegenseitig lustig jagen
und sogar mal Sprünge wagen.

Drei Entchen

Drei Entchen schwimmen auf dem Teich,
und alle drei sind flauschig weich.
Zwei schwimmen ganz normal und munter,
das dritte steckt den Kopf grad runter,
denn es will sich einen Happen
unter Wasser schnell mal schnappen.

Gänsekanon

Drei Gänse im Stroh, saßen da und waren froh.
Kommt der Bauer, ruft: „Wer do?",
drei Gi-ga-gi-ga-Gäns' im Stroh!

Katze und Hund

Katze und Hund und eine Maus
wohnten zusammen in einem Haus.
Nun sagst du wohl, das kann nicht sein,
das gäbe nur Zank und Streit und Schrein.
Doch lass mich dir sagen, sie mochten sich
und gingen sogar gemeinsam zu Tisch.
Die Katze fraß Niere, der Hund nahm Leber
und die Maus fraß die Würmchen aus der Zeder.

Die alte Eule

Die alte Eule saß im Dunkeln
auf einem hohen Ast.
Mit ihren scharfen Augen
hat sie niemals was verpasst –
und wusste stets, wer was gemacht.
Mitunter hört man munkeln,
sie habe Unheil gebracht.

Der kleine Drache geht fischen

Der kleine Drache fischte. Er zog sein Netz im Teich hin und her.

„Ich habe einen Fisch gefangen", rief er. Aber es war gar kein Fisch, den er da gefangen hatte, sondern ein roter Gummistiefel.

„Ein Gummistiefel hilft mir nichts", sagte er. „Jetzt muss ich auch den zweiten fangen."

Er wollte gerade sein Netz wieder ins Wasser halten, als seine Freunde, Prinzessin Pippa, Prinz Pip und Baron Boris vorbeikamen.

„Was machst du da?", wollten sie wissen.

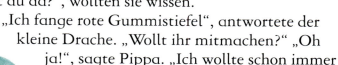

„Ich fange rote Gummistiefel", antwortete der kleine Drache. „Wollt ihr mitmachen?" „Oh ja!", sagte Pippa. „Ich wollte schon immer rote Gummistiefel haben." Prinzessin Pippa zog das Netz durch den Teich und zog einen gelben Regenschirm heraus. „Damit habe ich nun wirklich nicht gerechnet!", rief sie.

Dann versuchte Prinz Pip sein Glück. „Ich habe etwas

Der kleine Drache geht fischen

Schweres!", rief er. Er hievte das Netz an Land.

„Ein blauer Eimer voller Löcher!", lachte Baron Boris und nahm das Netz. „Jetzt bin ich dran! Ich werde etwas viel Besseres fangen, ihr werdet sehen!"

Baron Boris erspähte etwas unter einer Seerose.

„Ein grüner Fisch!", rief er und lehnte sich vor, um ihn zu fangen. Aber es war gar kein grüner Fisch. Es war ein grüner Frosch … ein ziemlich wütender Frosch!

„Jibbib!", quakte er beleidigt und sprang aus dem Netz. Baron Boris erschrak so, dass er – PLATSCH – ins Wasser fiel.

„Um Boris zu fangen, brauchen wir aber ein viel größeres Netz!", sagte der kleine Drache.

Das Streifenhörnchen und der Bär

Eines Tages ging der Bär im Wald spazieren.

„Ich bin so stark, ich kann alles!", rief er stolz und hob einen Baumstamm an, um darunter nach Futter zu suchen.

„Nicht alles!", sagte da eine Stimme. Der Bär sah verwundert nach unten und sah ein Hörnchen, das den Kopf aus einem Loch streckte. „Du kannst die Sonne nicht daran hindern aufzugehen", sagte es.

„Doch, das kann ich", gab der Bär an. „Gleich morgen werde ich es tun. Morgen wird die Sonne nicht aufgehen!"

Gemeinsam warteten der Bär und das Hörnchen die ganze Nacht und blickten nach Osten, um zu sehen, ob die Sonne aufgehen würde.

Das Streifenhörnchen und der Bär

„Die Sonne wird nicht aufgehen", summte der Bär vor sich hin.
„Die Sonne wird aufgehen", sang das Hörnchen leise.
Als der Morgen näherrückte, wurde der Himmel langsam heller.
„Ich befehle dir, nicht aufzugehen, Sonne!" rief der Bär. Aber die Sonne ging auf, und das Hörnchen begann zu lachen.
„Na, da lässt dich die Sonne aber ganz schön dumm dastehen!", kicherte es.
Da wurde der Bär sehr wütend. Seine Pranke schoss hervor und hielt das Hörnchen am Boden fest.
„Wir werden sehen, wer hier der größere Dummkopf ist", knurrte der Bär.

Da war dem Hörnchen klar, dass es den Bären besser nicht aufgezogen hätte.
„Es tut mir leid!", quiekte es. „Ich bin nur ein kleines dummes Hörnchen, und du bist eines der größten und stärksten Tiere der Welt. Bitte, heb deine Pranke kurz hoch, damit ich Luft holen und dir sagen kann, wie sehr ich dich bewundere."
Da der Bär sehr eitel war, hob er seine Pranke. Schnell wie der Blitz versuchte das Hörnchen zu fliehen. Doch der Bär erwischte es mit seinen Krallen noch am Rücken. So kam das Streifenhörnchen zu seinem Namen. Bis heute erinnern die Streifen der Bärenkrallen auf seinem Rücken daran, dass man sich nicht über andere lustig machen sollte.

Register

A B C 138
Ach, liebes Entchen 198
Acht Arme hat der Oktopus 306
Alice und das Kaninchen. . . 180
Alle meine Entchen 15
Als erstes 205
Am Fluss 270
Am Meeresgrund 284
Ammenuhr (Auszug) 66
An der Küste 354
Anna hatte ein Vögelchen. . . 114
Anna-Maria. 204
Armes Hündchen Wau 299
Auf dem Bauernhof 105
Auf die Katze des Petrarch . . . 52
Auf einer Wiese 117
Austern. 306
Badetag am Südpol 135
Bärchen 50
Beim Hufschmied 376
Black Beauty 248
Bleibt auf dem Pfad 220
Botenbiene 134
Braves Huhn 232
Brumm und Summ 294
Bunte Tierwelt 103
Daisys großes Abenteuer 58
Das Bärenbaby 230
Das Ei 316
Das Eichhörnchen 120
Das ist nicht mein Bruder . . . 90
Das ist nicht mein Papa . . . 288
Das ist nicht meine Mama . 324
Das ist nicht meine
    Schwester 360
Das kalte alte Haus 105
Das kleine Kätzchen 114
Das Kuckucksei 78
Das Lämmchen 205
Das Lied vom Monde 198
Das Murmeltier 79
Das neugierige Kätzchen . . . 208

Das Streifenhörnchen
    und der Bär 380
Das Versteck 266
Das Vöglein schlägt die
    Flügel 275
Das Wiesel 143
Der ängstliche Löwe 150
Der Bauer spannt den
    Wagen an 64
Der Bienenstock 24
Der Einsiedlerkrebs 42
Der eitle Eber 198
Der eitle Schwan 170
Der Elefant 105
Der Esel und die Salzsäcke . . 62
Der fehlende Nagel 205
Der Fink 163
Der Frosch 172
Der Frosch auf Reisen 148
Der Fuchs und der Storch 76
Der Fuchs und die Krähe 12
Der Fuchs und die Trauben . . 38
Der Fuchs und die Ziege . . . 328
Der grüne Frosch 36
Der Hund und sein
    Spiegelbild 39
Der Kater 337
Der kleine Bär 110
Der kleine Delfin 314
Der kleine Drache geht
    fischen 378
Der kleine Drache geht
    zur Schule 280
Der kleine Pinguin und seine
    Freunde 308
Der Kuckuck 301
Der Kuckuck auf dem
    Zaune saß 14
Der Kuckuck und der Esel . . 223
Der Lemurentanz 312
Der Löwe und das Einhorn . . 97
Der Löwe und die Maus 74

Der Papagei 322
Der Pfau 155
Der Pinguin 307
Der Rattenfänger 115
Der Samthase 68
Der schüchterne Krake 209
Der Schwanz des Fuchses . . . 128
Der Schwanz des Opossums . . 174
Der seltene Vogel 67
Der seltsame Elefant 37
Der singende Dinosaurier . . . 11
Der Spatz 295
Der Spaziergang 218
Der stolze Hahn 126
Der Tier-Ball 102
Der undankbare Tiger 292
Der verzauberte Himmel . . . 140
Der Vogel singt 355
Der Wal 307
Der Winter 27
Der Wolf und der Kranich . . 260
Der Wurm 162
Die alte Eule 377
Die alte Frau und die
    fette Henne 252
Die Ameise und die Taube . . 283
Die drei kühnen
    Ziegenböcke 144
Die Drossel 65
Die eitle Krähe 54
Die Ente und der Erpel 185
Die Eule ruft 53
Die Fliege 25
Die Geburtstags-
    überraschung 240
Die Hähne krähen 294
Die Hummel 300
Die hungrige Kröte 286
Die Insektenparade 278
Die kleine bunte Schlange . . 323
Die kleine grüne Raupe . . . 366
Die kleine Katze 295

Register

Die kleine Krabbelspinne . . . 29
Die Krähe und der Krug . . . 320
Die Kuh 118
Die Mäuse und die
 Tannenzapfen 262
Die Mäuseversammlung . . . 253
Die Maus und das Wiesel . . 206
Die Schildkröte 228
Die Schildkröte und der
 Adler 332
Die Schildkröte und der Bär . 46
Die Schnecke 355
Die Schwalbe und die Krähe . 282
Die Schwimmstunde 318
Die sechs Schwäne 338
Die Spatzenbande 287
Die Spinne, der Hase und
 der Mond 136
Die Stadtmaus und die
 Landmaus 348
Die stille Schlange 222
Die Taube. 366
Die unzufriedene Eule 36
Die Vögel, die Waldtiere und
 die Fledermaus 234
Die Vöglein im Winter 72
Die Ziege Berta 356
Die Ziege schwimmt im
 Teiche. 322
Dingeldi, dängeldi, du. 184
Doktor Fips Schwein 190
Drei Entchen 376
Drei graue Gänse. 40
Drei kleine Schweinchen . . . 256
Drei süße kleine Katzen. 44
Drei weiße Rösser. 185
Dunja Drossel 243
Eber Grunz. 265
Edgar Eichhörnchen 372
Eichhorn Fritze 216
Ei der Daus! 274
Einen Pudel hatt ich einst . . 342
Eine rosa Kuh. 275
Eine silberne Spur. 162
Ein Fischlein möcht ich sein. 306
Ein Haus für Maus. 319

Ein Hund namens Ringo 173
Ein Jäger aus Kurpfalz 217
Ein kleiner Hund 96
Ein kleiner Schwan. 163
Ein kleines Känguru 352
Ein neuer See für Otter. 211
Ein Schäfchen. 354
Ein Schildkrötenmann 119
Ein seltsamer Vogel 336
Eins, zwei, drei 53
Eins, zwei, drei, vier 19
Ein verrückter Tag 41
Ein Ziegenbock 279
Ein Zuhause für Bär 99
Elster 139
Erik wird Mama 358
Eselchen, Eselchen 126
Es saß eine Krähe. 52
Es warn einmal neun
 Schneider 14
Es war mal ein Fisch 25
Fee lernt springen. 10
Filous großer Wunsch 34
Fin hat Langeweile 100
Fische schwimmen 67
Fischlein, Fischlein 97
Fledermaus. 199
Fliegende Schweinchen 25
Flohliebe. 104
Flori Fuchs 310
Frau Kröte 233
Fröschlein 204
Fünf Hühnerküken 335
Fünf kleine Affen 49
Fünf kleine Bären 43
Fünf kleine Entlein 56
Fünf kleine Eulen 167
Fussel Wussel 246
Gänsekanon 377
Goldlöckchen und
 die drei Bären 20
Grazie Nilpferd 296
Gregor juckt es 371
Groschenlied 177
Große Schelmerei 94
Gustav und sein Schirm 98

Hab keine Angst! 188
Hallo, Frau Kuh. 104
Hallo, Frau Libelle! 97
Hallo, Schweinchen 369
Hanna Henne 158
Häschen in der Grube 116
Hätt ich 'nen Esel 78
Hei diedel diedel 233
Herbstritt 269
Herr Marienkäfer 127
Herr Maulwurf 229
Herr Schmied 216
Higgeldi, piggeldi, pops! . . . 184
Hopp, hopp, hopp 61
Hungriger Tiger 199
Ich wünscht 26
Im alten Stall. 78
Im April 247
Im Blumentopf 330
Im Fischteich 376
Im Mai 127
Im Meer 126
Im Zoo 286
In meinem Kohl 366
In Oma Olgas Puppenhaus . 142
Ins Nest 216
Jimmy Schnecke 89
Jims Lieblingsfarbe 226
Kaninchen und Hasen 367
Kannst du leise schleichen? . 294
Kasperl Überall 114
Kätzchen, Kätzchen 331
Katzenchor 268
Katze und Hund 377
Katzen und Hunde 67
Keine Maus zu Haus 176
Kikeriki! 153
Kikeri-pitschü-pitschü! 337
Kleiner Drache 156
Kleiner flinker Karlsson 24
Kleiner Goldfisch 275
Kleiner Hirtenjunge 232
Kleine Schäferin Katrin 334
Kleines Huhn 60
Kleines Kälbchen 142
Kleines Kätzchen 88

Register

Kleine Spinnen............ 78	Old MacDonald hat 'ne Farm 48	Versteckspiel im Dschungel . 258
Kleines schwarzes Hündchen............217	Oma Alba 204	Vier Kätzchen 104
Kleines weißes Entchen 79	Peppina bleibt auf 224	Vier kleine Vöglein......... 298
Kommt ein Mäuschen........14	Pferdchen, Pferdchen...... 247	Vögelchen, ich lad euch ein . . 96
Kommt ein Vogel geflogen. . . 15	Pferd und Wagen.......... 37	Vom Pinguin, der glitzern wollte................112
Krokus, das Krokodil...... 353	Rama hat Zahnweh....... 186	Waltrauts großes Ei....... 108
Kuckuck, Kuckuck........ 154	Rikki-Tikki-Tavi 212	Wären Träume Pferde 246
Lämmchen auf Irrwegen ... 130	Ringelschwänzchen Hänschen............. 246	Warum Eulen starren 16
Lasst uns Piraten spielen ... 364	Rotkäppchen 168	Was der Name verrät 197
Lauf, kleines Pferdchen 367	Rundherum im Garten 162	Was fressen die Mäuse?.....173
Leon kann singen! 30	Saftige Äpfel 242	Was ist das für ein Geräusch?............132
Lerche und Goldfisch....... 65	SCHHH!................313	Wen wundert's........... 367
Lieber Storch 233	Schildkröte und Hase...... 164	Wenn ich ein Vöglein wär ... 15
Lied der Delfine 199	Schlafenszeit............. 96	Wer klingelt da? 354
Lied eines Jungen......... 346	Schlafenszeit auf dem Bauernhof............ 323	Wer lebt da im Loch?....... 24
Mäh, Lämmchen, mäh 162	Schlaf, kleines Kindlein 166	Wer schläft im Wald? 337
Maja verläuft sich 192	Schlummerlied........... 269	Wie das Känguru seinen Schwanz bekam......... 32
Maria hatt' ein kleines Lamm 28	Schmetterling, Schmetterling 287	Wie der Bär seinen Schwanz verlor 244
Mars, das Pony 200	Schnäbelchen 370	Wie der Kardinalvogel zu seiner Farbe kam....... 276
Matschpfötchen........... 80	Schöner Frühling 274	Wie Schmetterlinge entstanden........... 106
Matschpfötchen und die Geburtstagsparty 236	Schön ist die Welt........ 264	
Mäuschen.............. 247	Schweinchen........... 355	Wie viele Flaschen? 87
Mausgedicht 37	Sechs Mäuslein 255	Wie viele Haare..........115
Max, der Koala 357	Seht her, ihr Fischchen 127	Wie wird das Wetter? 172
Mein Badeschaumtier 121	Sieh doch mal............ 96	Willkommen im Dschungel. 344
Mein Held 53	Siehst du das Häschen? . . . 322	Winnie hatte mal ein Schwein 286
Mein Kätzchen........... 36	Sing für mich 163	
Mein Meerschweinchen 73	Suse 232	Wo ist mein kleiner Hund? . 184
Mein Papagei............173	Teddybär, Teddybär....... 18	Wo lebt ihr?............ 287
Mein Taubenhaus.........152	Tierhochzeit 185	Zehn Schweinchen 368
Meine Katze............ 274	Tina und Teddy 194	Zehn weiße Möwen 307
Meine Ziege 225	Tom, der Elefant 350	Zeit zum Melken 336
Meisenglück.............217	Tom-Tom, des Pfeifers Sohn. 268	Zeit zum Träumen........178
Meister Langohr.......... 86	Übers Land............. 143	Zum Markt, zum Markt 172
Mina, die Milanin 210	Übung macht den Meister... 31	Zu Pferde 142
Mit den Lämmchen zu Bett. . 52	Unsere Nachbarin 143	Zwei Kätzchen.......... 336
Mowglis Lektion.......... 302	Unser Karlchen 66	Zwei kleine Hunde....... 269
Müffel, das Stinktier.......317	Unser Vöglein 115	Zwei Spatzen 268
Naja bleibt kühl 196	Unterwegs mit Kröterich... 122	Zwei Tauben............ 79
Neun braune Wölfe....... 187	Verliebter Frosch......... 295	Zwei Welpen 343
Nur noch einmal schwimmen!........... 84	Versteckspiel............ 254